Se Connaître et Mieux Vivre

Monique Lussier

Published by Monique Lussier, 2011.

SE CONNAÎTRE ET MIEUX VIVRE

First edition. June 19, 2011.

ISBN: 979-8227695512

Written by Monique Lussier.

Se Connaître

et
Mieux Vivre
Par Monique Lussier
Published by Monique Lussier at Smashwords
Copyright 2011 Monique Lussier

Table des matières

Note de l'auteure

Je tiens à souligner que je ne prétends pas faire le tour de la question, car la psychologie et la spiritualité sont des sujets on ne peut plus complexes. Mon principal objectif est de vous aider à mieux comprendre qui vous êtes pour que vous puissiez accéder à votre merveilleux potentiel de création. Actualiser ce potentiel au quotidien vous propulsera vers des horizons qui jusque là, étaient inconnus de vous.

Commençons maintenant ce merveilleux voyage *Se connaître et mieux vivre*. J'espère qu'il vous permettra de découvrir qui vous êtes vraiment et qu'il vous mènera à votre épanouissement personnel.Bonne lecture. Si vous désirez me rejoindre voici le lien: https://www.smashwords.com/profile/view/pep301

Introduction

Les sociétés occidentales sont les plus libres du monde. Elles jouissent de la liberté de parole, d'expression, d'orientation sexuelle et de religion. Chacun a le choix de fonder une famille, de rester célibataire ou d'embrasser telle ou telle carrière à sa convenance.

Mais qu'en est-il de la liberté d'être soi-même? Pourquoi ne pas nous permettre de bien réfléchir à cette question en toute honnêteté? Nous accordons-nous la liberté d'être épanoui et heureux, de donner libre cours à notre créativité? C'est pourtant une forme de liberté qui se cultive. Mais y recourons-nous? Exerce-t-on cette liberté consciemment? Nos schèmes de comportements et nos choix reposent-ils sur une vision précise de nous-même ou sont-ils dictés par des besoins insatisfaits inavoués? Ne sont-ils pas influencés par notre éducation?

Si c'est le cas, notre liberté d'être se trouve sans doute fortement compromise. Tout au long de notre vie, cette formidable mémoire qu'est l'inconscient emmagasine toutes nos perceptions. C'est donc en majeure partie l'éducation, la culture, et avant tout le milieu familial qui façonne l'adulte que nous sommes: soit un être libre, c'est-à-dire un être fonceur qui met consciemment à profit sa créativité, ou un être prisonnier de ses peurs, de ses limitations, de ses préjugés, et surtout du manque de confiance et d'estime de soi. Mais le plus dramatique dans tout cela demeure toutefois que nous ne sommes pas vraiment conscients des comportements paralysants et limitatifs associés à de tels manques.

Il faut donc admettre que nous profitons rarement de notre liberté de choix et que cela affecte la direction que prend notre vie. Prenons conscience de nos limitations et de nos besoins insatisfaits qui nous empêche d'accéder à notre énergie créatrice. Autrement dit, il faut apprendre à se connaitre soi-même et découvrir en nous des richesses insoupsonnées.

Mais comment faire pour accéder à cette liberté et à cette richesse intérieure qui, somme toute, est un droit dont chaque être humain peut se prévaloir? Il faut ouvrir son esprit et sa conscience pour entreprendre un cheminement intérieur et mettre à profit cette capacité de réalisation de soi présente en chacun de nous.

Se connaître et mieux vivre est un livre de croissance personnelle conçu pour permettre à chacun de découvrir sa personnalité authentique. Il offre des outils pour apprendre à se connaître, non pas en se jugeant d'une façon négative mais en mettant en lumière le potentiel de création présent en soi. En restant à l'écoute de ses sentis, on trouve alors le chemin de son évolution et de son épanouissement personnels. C'est un aussi un moyen d'établir une relation durable et profonde avec ses aspirations réelles, ses qualités et ses talents.

Chapitre 1

Les deux principales composantes psychologiques de l'être humain: Le conscient et l'inconscient

La connaissance de soi suppose la compréhension de certaines notions psychologiques propres à l'être humain; celles du conscient et de l'inconscient. Dans le présent chapitre, je tenterai d'abord de définir le conscient. Je traiterai donc, en l'occurrence, de sa nature et de ses principales fonctions. Pour ce faire, je recourrai à certaines théories développées par des chercheurs de renommée internationale comme Carl Gustav Jung, Carl Rogers et Rollo May.

Par la suite, je poursuivrai notre étude de l'être humain en donnant des précisions sur l'inconscient. D'ailleurs, pour faciliter la compréhension de sa structure, j'utiliserai une métaphore, une analogie avec l'entonnoir. Puis je mettrai en lumière l'une des principales entraves à la créativité de l'être humain: la peur de se connaître.

De plus, je vous ferai part d'une méthode infaillible grâce à laquelle il est possibli d'entrer en relation avec soi, l'introspection. Y sera discuté également de certains obstacles qui peuvent nuire à l'établissement de la relation à soi.

Ainsi, en tant quêtre doté de pensées, nous vivons à l'état de veille dans le monde du conscient. C'est là que loge le moi. Les prises de décisions et les actes que nous posons au cours de notre vie sont les résultantes de pensées ou de perceptions conscientes. Cest pourquoi nous estimons prendre nos décisions en pleine connaissance de cause, donc consciemment. Mais maîtrise-t-on vraiment nos pensées, nos choix et nos actes?

Pour bien saisir la portée de cette interrogation, amorçons maintenant l'analyse du conscient en commençant par la conception de Carl Jung sur ce sujet.

Le conscient (le moi)

Selon Carl Jung, un des pères fondateurs de la psychologie moderne, ce qui constitue le moi, ou encore le conscient, c'est l'ensemble des représentations mentales. Toutes les pensées et les perceptions, tous les sentiments et les souvenirs font partie intégrante du conscient. Nous avons tous plus ou moins conscience de la multitude de pensées qui nous traversent l'esprit. Or, les pensées peuvent être positives et stimulantes comme: "Je suis capable d'atteindre l'objectif que je me suis fixé", ou "Cette journée est magnifique." Mais elles peuvent aussi être négatives et paralysantes comme: "Je suis incapable d'y arriver " ou " Encore une journée d'enfer! " Il en va de même pour les sentiments. En effet, certains sentiments font du bien comme la joie de vivre, l'amour. Mais d'autres, comme la peur ou l'insécurité, nuisent plus ou moins à notre évolution. C'est la même chose avec les souvenirs. Ils peuvent nous stimuler s'ils sont reliés au succès ou nous freiner s'ils sont associés à l'échec. Les perceptions attribuables aux cinq sens appartiennent aussi au domaine du conscient.

Toujours selon Carl Jung, le moi est aussi responsable du sens de l'identité et du sens de la continuité dans le temps. Nous parlerons plus tard du sens de l'identité afin de mieux comprendre cette importante perception de soi. Pour l'instant, retenons qu'il est lié à la perception que l'on a de soi-même en tant qu'être humain doté d'une personnalité qui lui est propre. D'après un autre psychologue de renom, Carl Rogers (1971), le conscient correspond à la représentation ou la symbolisation d'une partie de l'expérience vécue. Cette symbolisation n'est pas nécessairement verbale; elle peut être traduite en images visuelles et auditive.

Pour expliquer le propos de Carl Rogers, on pourrait dire que le conscient est fait d'images et de perceptions qui correspondent à la façon dont chacun se représente chaque événement vécu. Chacun perçoit ce qu'il vit et y réagit selon ses propres représentations. Si, par exemple, une personne a subi plusieurs échecs consécutifs dans ses relations amoureuses, elle risque de douter de la réussite à long terme de ses relations intimes. La représentation ou la symbolisation de ses expériences passées servira de base à sa perception des liaisons intimes. Il lui sera donc difficile de tisser des liens amoureux avec confiance.

Par contre, si une autre personne a vécu des relations amoureuses enrichissantes, la représentation de ses expériences passées sera sans aucun doute différente, et les sentiments associés le seront également. Dans cet exemple, la différence de perceptions des expériences vécues démontre bien que les décisions et les actions sont fortement influencées par les représentations appartenant au conscient.

Selon Rollo May, (Hallport et all. 1976) la connaissance de soi ,qui est le moi, le conscient, est le centre subjectif qui éprouve le fait que je suis la personne qui se conduit d'une façon ou d'une autre. C'est grâce à cette principale fonction qu'on prend conscience de ses comportements ou encore de ses réactions dans une situation donnée. Ce centre subjectif permet d'établir un lien aussi bien avec l'information intérieure, comme les pensées, qu'avec les émotions ou les sentiments découlant des expériences vécues.

Il importe de comprendre que l'être humain peut éprouver quelques difficultés à accéder à son centre subjectif. Une relation profonde avec l'information intérieure, les émotions ou les sentiments situés dans le conscient dépend directement de l'aptitude à l'introspection.

Il est fondamental de s'appliquer à entretenir une relation avec son centre subjectif si on veut percevoir toute la signification des messages qu'il contient. L'écoute de soi mène à l'ouverture de la conscience. En fait, prendre conscience de ce que contient notre centre subjectif permet de donner un sens à l'expérience vécue,de comprendre pourquoi nous réagissons de telle ou telle façon. On réalise rapidement que nos comportements sont directement reliés aux souvenirs emmagasinés dans la mémoire d'une part et dans l'inconscient,d'autre part donc soumis à la subjectivité.

Mais que veut dire exactement le mot subjectif ? Voici la définition qu'en donne le Larousse: "se dit de ce qui est individuel et susceptible de varier en fonction de la personnalité de chacun. " La subjectivité est donc variable par nature.Chaque individu vit ses expériences d'une façon unique. Plus précisément, on possède chacun son propre système de référence découlant de ces expériences . Ce système de référence est le fondement même de la personnalité.

Sans entrer dans les détails car j'y reviendrai au chapitre cinq, sachons que chaque personne élabore son échelle de valeurs personnelles en fonction de son propre système de référence. Par exemple, si vous désirez mieux vous connaître, c'est peut-être en vue d'améliorer la qualité de votre bien-être intérieur. Les valeurs sous-jacentes à cette démarche peuvent être reliées l'idéal de paix intérieure,de sérénité. idéal faisant partie de votre système de référence.

Autrement dit, vous avez déjà goûté au bien-être intérieur et vous voulez prolonger cette sensation. Vous agirez en ce sens et vous adopterez des comportements pour vous aider à atteindre cet objectif. Pour y parvenir, vous décidez de plonger dans la lecture de livres de croissance personnelle. Vous améliorez ainsi votre connaissance et votre compréhension de l'être humain, et par conséquent de vous-même.

Une valeur, c'est aussi l'importance accordée à une idéologie, à un principe moral. C'est également le jugement porté sur une action ou une conduite. Tout cheminement personnel exige qu'on définisse sa propre échelle de valeurs.

Fermons momentanément cette parenthèse sur les valeurs et revenons à notre principal sujet: le conscient. On peut donc affirmer qu'à moins de souffrir de troubles mentaux graves, tout être humain peut établir une relation avec les perceptions contenues dans son centre subjectif.

Toujours selon Rollo May, un autre trait caractéristique de la connaissance de soi, c'est qu'elle permet à l'être humain de se reconnaître quand il se sent menacé et de s'observer en tant que sujet dans l'univers. S'observer en tant que sujet dans l'univers signifie que, contrairement aux animaux, nous avons conscience de faire partie des êtres vivants dans la grande famille des homo sapiens.

Selon la philosophie existentialiste (philosophie préconisée par Rollo May), la connaissance de soi se distingue par deux sortes de perceptions qui entraînent une vision dichotomique des expériences vécues. Cette double perception, qu'on appelle l'opposition sujet-objet, se situe au niveau conscient. Pour saisir ce concept qui peut sembler difficile de prime abord, analysons-le en nous référant aux existentialistes. Selon cette approche, l'être humain est capable de se voir à la fois comme sujet et comme objet en même temps.

Être objet signifie être dominé par les influences ou les stimulus extérieurs. Autrement dit, c'est subir l'ascendant de ses proches, de son milieu, de sa société, bref, de sa culture. Être sujet signifie que l'on a conscience de ces influences et ultimement qu'il est possible dans une certaine mesure d'agir sur elles, donc de s'approprier le pourvoir de modifier certaines choses. Dès lors, on échappe au cycle stimulus-réponse pour passer à l'action selon ses propres aspirations. C'est le concept de " référence à soi", le système de référence interne abordé précédemment. Par contre, même si ces perceptions sont simultanées,ce ne sont pas tous les individus qui sont conscient de cette dichotomie.

Par exemple, nous savons que la socialisation reçue nous a influencé tout au cours de notre vie. Nous sommes donc objet dans la mesure où nous subissons celle-ci . En vieillissant, et par ailleurs en accumulant de l'expérience, nous prenons conscience des représentations sociales intégrées par cette socialisation. En agrandissant son champ de conscience, c'est-à-dire en s'accordant des moments de réflexion face aux représentations et valeurs inculquées, on se donne la possibilité d'accepter ou de rejeter celles-ci en tout ou en partie.La notion de sujet confère à l'être humain une dimension où la liberté d'agir prédomine. N'oublions pas que cette faculté est la même pour chacun.

Par contre, être conscient de cette liberté dépend directement de l'aptitude à se percevoir comme sujet. Plus cette perception prévaut, plus nous prenons conscience du pouvoir que l'on a d'agir sur ses prpres prises de décisions.

Voyons comment cette dichotomie peut se traduire dans une relation conjugale par exemple. Vous vivez des moments difficiles avec votre conjoint. Vous avez de plus en plus de mal à communiquer. Vous vous sentez dépassé par la situation et vous éprouvez le besoin de vous confier à certains de vos amis. Chacun tente d'expliquer ce que vous êtes en train de vivre selon son propre système de référence.

Ces interprétations, ne proviennent donc pas de votre centre subjectif. Si vous prenez une décision dans ces conditions, c'est-à-dire sans avoir pris le temps de mettre en lumière votre propre interprétation, vous vous percevrez plus comme objet que comme sujet. Votre démarche sera alors basée sur une définition extérieure du problème (définition donnée par les autres). Dans ce cas, les gestes que vous poserez pour régler la situation ne seront pas nécessairement ceux dictés par votre propre perception

Si, au contraire, vous vous percevez comme sujet, les démarches entreprises seront d'un autre ordre. Vous vous questionnerez intérieurement. Vous prendrez le temps de prendre conscience de vos propres perceptions. L'interprétation qui en résultera sera la vôtre et vous agirez en conséquence. Bien sur cela ne vous empêche pas de vous confier à un ou une amie, mais vous prendrez les décisions jugées appropriées selon votre propre système de référence.

Précisons qu'on peut décider de se percevoir davantage comme sujet que comme objet. Tout dépend de l'intensité de sa relation avec soi. Il faut toujours garder à l'esprit que c'est grâce à celle-ci qu'il est possible de prendre conscience de son pouvoir d'agir pour évoluer. N'espérons-nous pas tous un avenir meilleur? C'est une aspiration bien légitime. En se percevant davantage comme sujet, on a dès aujourd'hui la possibilité de passer à l'action afin d'améliorer grandement son existence. Car n' oublions pas que chaque jour passé à développer la relation avec soi garantit un présent enrichissant malgré les vicissitudes de la vie.

Par ailleurs, soulignons que la volonté se situe au niveau du conscient. Chaque décision prise consciemment suppose un effort de volonté pour entraîner une action. Sans une bonne dose de détermination, il est difficile de maintenir le cap sur ses objectifs. La résolution d'agir provient d'un désir de changement, d'évolution ou d'amélioration de sa qualité de vie. C'est aussi dans le conscient que se situe la raison, la logique et le jugement. Quand on procède à une analyse quelconque ou quand on schématise un concept, on fait appel à ces facultés qui, en fonction de la socialisation reçue, sont plus ou moins développées. Certaines cultures, s'orientent plutôt vers la spiritualité, alors que d'autres, comme la culture occidentale, s'attachent plus à la logique et à la raison.

Mettre l'accent sur l'apprentissage d'une aptitude comme la raison ou la logique au détriment d'une autre peut entraîner un déséquilibre dans le développement de la personne. En effet, une personne n'utilisant que sa logique et sa rationalité risque de ne pas accorder beaucoup d'importance à l'introspection. Elle ne tiendra pas compte des perceptions émanant de son centre subjectif, celui-ci n'étant pas considéré comme réel n'étant pas perçu par l'un des cinq sens.

En résumé c'est donc grâce au centre subjectif qu'on peut changer ses comportements restrictifs, améliorer sa qualité de vie, bref, évoluer Or, si c'est grâce au conscient qu'on peut prendre les rênes de sa propre vie, pourquoi tant de gens ont-ils de la difficulté à se percevoir comme sujet? Pourquoi, malgré ce grand besoin conscient d'évolution, d'épanouissement, reste-t-on enchaîné à ses habitudes néfastes et à ses comportements inadaptés? Pourquoi est-on si peu disposé à entreprendre ce grand et magnifique voyage qu'est la connaissance de soi? Pourquoi, si on est conscient de certains traits de caractère nuisibles à notre évolution, maintient-on le statu quo? Quelle est cette force ou cette énergie qui entrave le développement de la créativité?

Pour répondre à ces questions, il faut approfondir davantage notre investigation du psychisme humain. Cette recherche nous conduira à la découverte de l'inconscient.

La structure de l'inconscient

Je décrirai la structure de l'inconscient en me servant d'une analogie, celle de l'entonnoir. Pour les fins de l'exemple, rappelons que la plus petite extrémité de cet objet conique et gradué est dirigée vers le bas et la plus grande vers le haut et que ses différents niveaux de gradation sont reliés entre eux.

Commençons par le premier niveau, la partie la plus étroite. C'est là que se situe le conscient, qui contient les pensées et les perceptions émanant de nos cinq sens. C'est le siège du moi, de la personnalité. Puis le niveau suivant est constitué de réminiscences dont on peut facilement prendre conscience. Par exemple, une certaine odeur peut réveiller en vous des images précises associées à votre enfance.

Ensuite, on retrouve le niveau suivant, composé de souvenirs et de perceptions dont il est difficile de prendre conscience. Selon Carl Jung(1952), cette couche de l'inconscient, contient des souvenirs oubliés ou refoulés ainsi que des représentations pénibles. Ces lourdes charges affectives nuisent inconsciemment à l'individu dans sa relation avec soi et, par conséquent dans sa relation avec les autres. Les bouleversements psychologiques causés par ces souvenirs oubliés ou ces représentations refoulés se traduisent chez l'individu par des schèmes de comportements inadaptés. Celui-ci n'est pas conscient de ce processus.

Voici un exemple. Une fillette, dont le père était froid et distant, s'est sentie rejetée par lui. Elle a grandi sans voir ses besoins de reconnaissance et d'amour paternel comblés. Ce manque a donné naissance à des problèmes de dépendance affective qui, à l'âge adulte, se sont manifestés notamment dans ses relations amoureuses.Inconsciemment, cette impression de rejet et la peur d'être abandonnée dictent ses comportements. C'est à travers le voile de sa relation avec son père qu'elle oriente sa relation amoureuse. Inconsciemment, elle vit dans la hantise d'être reniée et rejetée par son conjoint et, par conséquent, elle doute de la fidélité de celui-ci. Elle n'a aucune confiance en lui. Elle est jalouse, possessive et par-dessus tout, elle vit dans la peur et l'anxiété.

En vérité, ses comportements inadaptés sont inextricablement liés à sa vision déformée de la réalité, par le reflet de son profond manque affectif. Ces représentations proviennent de son inconscient qui a enregistré des perceptions de rejet et d'abandon vécues au cours de son enfance. Elle vit constamment en situation de crise. Tant qu'elle n'aura pas pris conscience de la relation déficiente dans laquelle elle était plongée antérieurement et de sa dépendance affective qui en découle aujourd'hui, elle vivra dans la hantise de se sentir à nouveau rejetée.

C'est donc dans cette partie de l'inconscient que se trouve l'enfant qu'on a été. Peu importe de quelle façon cet enfant a été blessé, chose certaine, il voudra s'exprimer à travers l'adulte qu'il est devenu. Il le fera toutefois en adoptant des comportements puérils qui empoisonneront l'existence de l'adulte qu'il est devenu.

Afin de prendre sa vie en main, on doit laisser les perceptions de l'inconscient parvenir au centre subjectif.Cela ne se fait pas d'un coup de baguette magique! On doit réfléchir aux moyens de libérer de façon symbolique l'enfant blessé qui demeure dans l'inconscient. Il en existe plusieurs, c'est à chacun de découvrir celui qui lui convient le mieux. Cela peut être une thérapie individuelle ou en groupe, des lectures axées sur le développement personnel, des cours de motivation personnelle, etc.

C'est également dans cette partie de l'inconscient qu'on retrouve tous les sentiments et toutes les représentations associés à des phrases maintes fois entendues: Tu n'es qu'un bon à rien, ou encore, tu ne peux rien faire sans tout casser, ou bien, tu es trop lente,tu n'arriverasjamais à rien de bon dans la vie, etc. Ces messages entravent véritablement l'évolution. Ils sont incontestablement comme un poison qui nuit au bien-être intérieur. Ils sapent la confiance en soi et l'estime personnelle. Or, il est inutile de s'apitoyer sur son propre sort en blâmant ses proches ou l'éducation qu'on a reçue. En tant que sujet, on a le pouvoir, voire le devoir, de découvrir les moyens d'évacuer ces perceptions de soi négatives. Il faut faire preuve de courage et volonté et passer à l'action. Personne ne peut faire ce travail à notre place!

Mais n'ayez crainte, ce niveau de l'inconscient ne contient pas que des représentations à lourde charge affective. D'autres aptitudes inhérentes à l'enfance y sont également enfouis. Par exemple, la prédisposition à l'émerveillement, cette tendance est innée chez l'enfant et souvent étouffée chez l'adulte. Notre rythme de vie nous empêche trop souvent de prendre le temps de nous arrêter et d'admirer un magnifique coucher de soleil. Nous aurions tous intérêt à redécouvrir en nous ces merveilleuses aptitudes.

Dans l'inconscient, on retrouve aussi des qualités comme la sensibilité, la réceptivité et l'intuition, qui sont souvent considérées dans notre culture comme des prédispositions féminines. Elles peuvent avoir été refoulées chez l'homme. Par exemple, on a souvent répété aux garçons qu'ils ne devaient pas pleurer. Ils ont refoulé leur peine pour se conformer au modèle Inconsciemment, ils s'empêcheront de donner libre cours à leurs émotions, par peur d'être jugés par leurs pairs.

Or, dans ses relations interpersonnelles, quelqu'un de sensible et de réceptif saura être ouvert au dialogue. Il ne cherchera pas à refouler ses sentiments ou à jeter indubitablement le blâme sur les autres. C'est aussi un moyen d'améliorer grandement la communication entre un père et son enfant, par exemple. Quand on prend l'habitude de ressentir ce que contient son centre subjectif, donc de respecter ses propres perceptions, on ne jugeras pas celles des autres même s'ils sont plus jeunes que nous.

L'inconscient abrite également d'autres aptitudes, comme la combativité et le goût du défi. Ces qualités ont trop souvent été refoulées chez les fillettes. On ne les encourage peu être pas suffisamment à se tailler une place dans le monde. On leur enseigne le don de soi, sans conteste une grande qualité, en oubliant par contre de leur apprendre l'importance de la relation avec soi. Une fois devenues femmes, il leur faut établir un lien avec leur centre subjectif pour découvrir leurs propres valeurs et leurs buts personnels. Elles doivent développer le goût du défi.

Pour résumer l'inconscient est divisé en plusieurs niveaux. Chacun d'eux contient une foule de perceptions. Plus on avance dans les couches profondes, plus celles-ci peuvent être de nature à nous perturber et à entraver notre cheminement personnel. L'objectif de la connaissance de soi, c'est d'améliorer la liaison entre les divers niveaux de l'inconscient pour permettre à la créativité de s'exprimer librement à travers notre conscience, notre moi. Plus on entretient la relation avec son centre subjectif,plus on accède facilement à sa créativité.

Pour faciliter l'accès aux divers niveaux de l'inconscient, il faut d'abord connaitre l'existence de certains obstacles qui entravent l'exploration intérieure. Il faut les apprivoiser et les dépasser pour établir une vraie relationavec soi.

Les obstacles

Il est difficile d'accéder aux niveaux supérieurs de l'inconscient à cause de plusieurs obstacles, tous aussi complexes les uns que les autres. À l'aide d'une mise en situation, essayons de comprendre l'un d'eux,que je considère comme l'un des plus néfastes pour notre propre développement: la peur de se connaître, de découvrir qui on est réellement.

À diverses occasions, Nicole a réalisé qu'elle avait développé certains comportements inadaptés. Après mûre réflexion, elle a décidé de se consacrer à son cheminement personnel et de chercher à comprendre les raisons de sa conduite. Après quelques lectures, elle commence à entrer en relation avec elle-même et elle espère trouver ainsi des réponses à ses questions. Après quelques découvertes la concernant, Nicole ressent un malaise intérieur et se demande d'où il provient.

En fait, elle se sent paralysée, toute sa bonne volonté commence à fondre comme neige au soleil, et elle ne comprend pas la raison de ce blocage. Elle n'a pas saisi que ce qui l'affecte, c'est la peur de se connaître, elle craint d'entrer en relation avec elle-même. Elle ne parvient pas à prendre conscience de ce sentiment car elle le refoule. Au fil des jours, elle délaissera son désir d'évolution personnelle et elle retrouvera ces anciens schèmes de comportements.

Il faut prendre conscience de ce phénomène de régression et considérer la peur comme un sentiment tout à fait humain. Il faut se rendre compte qu'on a peur de se connaître, qu'on craint la relation intime avec soi. Ceci n'a rien de honteux, bien au contraire. Plus on est rapide et sincère à reconnaître cette peur, plus vite on établira le lien avec son centre subjectif.

Tous ceux qui ont entrepris un cheminent personnel ou presque ont connu cette peur. On pourrait dire qu'inconsciemment, on redoute de démasquer en soi un monstre contre lequel on n'a aucun pouvoir. D'une certaine façon, on est comme l'enfant qui a peur de découvrir un monstre dans le placard. Mais ce monstre, existe-t-il vraiment?

Voyons, à l'aide d'une comparaison, à quoi ressemblent nos monstres intérieurs? Cette vision simplifiée du problème nous permettra de mieux comprendre à quel point l'être humain alimente ses propres peurs, comme les enfants s'inventent des monstres dans les placards.

Vous êtes dans une pièce immense, avec deux portes. Sur l'une, est écrit en lettres flamboyantes: Épanouissement personnel. La porte étant entrouverte, vous pouvez voir ce qui se passe de l'autre côté. Vous vous voyez heureux, en bonne santé, confiant, en pleine possession de vos moyens, et donnant libre cours à votre créativité. Vous avez du succès dans tous les domaines de votre vie et vous dégagez beaucoup de magnétisme. Vous voyez dans vos yeux le reflet d'une paix intérieure que vous n'avez jamais connue.

Votre épanouissement personnel est là, de l'autre côté. Votre plus grand désir est de rejoindre ce moi épanoui. Tout ce que vous avez à faire, c'est de pousser la porte. Vous vous en approchez, impatient de l'ouvrir, et de devenir ce moi idéal.

Soudain, devant la porte, se dressent d'énormes monstres hideux. Vous éprouvez alors une peur horrible, d'autant plus qu'ils parlent:

Tu ne peux pas entrer, tu ne peux pas ouvrir la porte.

N'essaie même pas, ça ne vaut pas la peine.

Tu n'es pas assez courageux, laisse ça aux autres.

Tu perds ton temps à vouloir entrer. T'as mieux que ça à faire. Vas travailler, faire le ménage, aller magasiner.

Vous êtes complètement paralysé. Votre regard alterne tour à tour des monstres à la porte. Vous ne bougez pas. Vous n'osez pas les affronter. Ils continuent à vous lancer des paroles négatives, à vous injurier pour vous faire fuir. Dérouté, vous vous échappez de la pièce en courant. Vous sortez par l'autre porte. Ce que vous ne savez pas, c'est qu'au moment où ils vous ont vu vous échapper, les monstres ont éclaté de rire en disant: Nous avons réussi. Il est tombé dans le panneau une fois de plus. Il s'est encore leurré.

Mais en vous, une force vous pousse à retourner dans la pièce et à ouvrir la porte. Vous voulez connaître votre moi épanoui. C'est le désir de tout être humain. On a tous envie d'exploiter nos possibilités d'épanouissement personnel. C'est cette impulsion et l'énergie qui en résulte qui vous permettront de dépasser vos peurs et qui vous pousseront à affronter les "monstres-leurres". Vous commencez à vous motiver intérieurement. Vous vous dites:

Je veux y aller, je veux devenir cette personne épanouie.

Je suis capable de foncer et d'ouvrir la porte.

Je ne laisserai pas ces monstres m'empêcher d'atteindre le meilleur de moi-même.

Vous continuez à vous motiver jusqu'à ce qu'un jour, vous vous sentiez prêt. Paré à toute éventualité, vous êtes alors décidé à leur livrer une bataille sans merci. Vous entrez dans la pièce, vous prenez une grande inspiration et vous foncez tête baissée sur les monstres. Vous en frappez un de toutes vos forces. Le monstre vous regarde et se dégonfle tout à coup. Ce n'était qu'un leurre, un leurre mis au point par vous-même, de façon inconsciente bien sur. Il suffisait d'admettre leur présence et de ne pas les laisser vous effrayer.

Prenons quelques instants pour comprendre combien il est néfaste pour le développement personnel de nier ses peurs. Pour beaucoup, la peur est un signe de faiblesse. On ne se donne pas le droit d'avoir peur. On refoule inconsciemment ses peurs afin de maintenir un pseudo statu quo, à l'intérieur de nous et ainsi éviter d'établir une relation durable avec les perceptions reliées à celles-ci.

Pourtant, si on admet avoir peur de se connaître, on réduit déjà beaucoup le pouvoir de cette peur. On se donne la possibilité de la dépasser. Il faut accepter cette émotion sans se juger. Ce c'est pas une tare génétique. Finie l'autocritique négative qui retarde ni plus ni moins notre évolution. Au contraire, percevons nos peurs comme des défis. Venir à bout de celles-ci donne confiance en soi et fait naître à l'intérieur cette merveilleuse sensation d'avoir accompli une action bénéfique pour soi. La motivation qui s'en suit permet à la personne de relever d'autres défis. Les peurs ne sont que des limitations qu'on s'impose soi-même. Il ne faut surtout pas lâcher!

Comme vous avez pu le constater, établir un lien avec son inconscient est moins difficile qu'on le croit sans pour autant être aisé.

Avec un minimum de courage et de volonté, on s'élance vers la porte et on l'ouvre. Par contre, il faut en faire le choix consciemment. N'oublions pas que c'est grâce au conscient que l'on accède à la connaissance de soi. Apprenons à fixer notre attention sur se qui se passe au dedans de nous et moins à moins mettre l'accent sur ce qui se passe à l'extérieur de nous.

Bien entendu je n'entends pas ici de couper tout lien avec les autres ou encore de ne pas s'intéresser à ce qui se passe dans le monde mais plutôt à ne pas délaisser l'un au dépend de l'autre. Il est indispensable d'entretenir la relation avec son centre subjectif et, c'est par l'introspection que l'on y arrive. Même s'il en a été quelque peu question précédemment, il est maintenant temps de s'arrêter quelques instants sur la définition de l'introspection.

L'introspection

Qu'est-ce que l'introspection? Voici la définition qu'en donne le Larousse: " Observation méthodique, par le sujet lui-même, de ses états de conscience et de sa vie intérieure. " En d'autres mots, c'est l'observation de ce qui se passe en nous, dans notre conscient, dans notre centre subjectif. Grâce à l'introspection, on peut ressentir les émotions qui sont présentes en nous et mettre en lumière les liens entre celles-ci et les expériences vécues. L'introspection permet à chacun de mieux se connaître et par conséquent, de mieux se comprendre.

Citons un exemple. Vous avez fixé un rendez-vous à un ami. Vous arrivez à l'endroit prévu mais il n'est pas là. Vous l'attendez une dizaine de minutes sans vous inquiéter outre mesure. Puis peu à peu, vous commencez à vous impatienter. Au bout de trente minutes, vous êtes franchement en colère, et vous vous dites: Il ne perd rien pour attendre. C'est insensé de me faire poireauter ici. Vous avez envie de le blâmer, même si vous ignorez la raison de son retard. Mais si vous pratiquez l'introspection depuis longtemps, vous vous calmerez en respirant profondément et vous prendrez conscience de vos perceptions intérieures. Vous vous rendrez compte que votre colère cache autre chose. En fait, vous éprouvez de la peine mais celle-ci est masquée par l'irritation.

Vous cherchez alors à comprendre les raisons de votre chagrin. Vous découvrez que vous percevez le retard de votre ami comme une forme de manque de respect à votre égard. S'il est en retard, c'est que vous comptez peu pour lui, et c'est cela qui vous peine. Vous pourrez dès lors expliquer à votre ami comment vous percevez son retard. Vous lui exprimerez ce que vous ressentez vraiment au lieu de simplement jeter votre colère sur lui. L'introspection permet de saisir sa réalité intérieure, d'entretenir une relation avec ses propres perceptions. Elle a pour conséquence principale de nous amener à prendre conscience des émotions subtiles souvent masquées par la colère ou par la frustration.

L'introspection est une méthode assez facile mais qui demande de la discipline du moins tant que vous ne l'avez pas intégré dans au quotidien. Il n'y a pas de formule miracle. Il faut apprendre à s'arrêter et, en toute honnêteté à laisser monter les émotionsqui vivent en nous même si celles-ci ne sont pas celles plaisantes. Respirez profondément, laissez le calme vous envahir et laissez le contenu de votre centre subjectif vous parler.

C'est par l'introspection que l'on peut prendre conscience de la peur qui nous habite par exemple. Cette prise de conscience permet par la suite de passer à l'action et le travail sur soi consistera à renforcer notre courage et notre volonté pour vaincre nos propres limites. Bien entendu il faut comprendre que c'est un processus qui peut prendre un certain temps avant de réussir. Pour progresser plus avant vers la connaissance de soi, nous étudierons, au chapitre deux, le fonctionnement de l'inconscient.

Chapitre 2
Le fonctionnement de l'inconscient

Maintenant qu'il a été établi qu'il existe une interrelation entre les différents niveaux de l'inconscient et les perceptions du conscient ou centre subjectif, prenons le temps de s'arrêter sur le processus inverse, c'est-à-dire comment les influences extérieures pénètrent dans l'inconscient et exercent ensuite un très fort ascendant sur nos perceptions et nos comportements.

Dans un premier temps, je mettrai en lumière de quelle façon ces influences peuvent amener la personne à se créer des perceptions qui la limiterons dans ses choix de vie, ou, au contraire lui procureront une énergie stimulante, positive. Par la suite, il sera question deux attitudes mentales qui à mon sens, restreignent le cheminement personnel que je nomme la victimisation et l'excusite. Il sera question par la suite d'une notion très importante dans le cheminement personnel: l'intentionnalité ou la responsabilité personnelle. " Pour clore ce chapitre, je passerai en revue les besoins fondamentaux de l'être humain selon la pyramide d'Abraham Maslow (1954). En effet, vous devez savoir que tout être humain à des besoins fondamentaux qui, lorsque 'ils ne sont pas comblés, nuisent considérablement à l'évolution. Mais pour le moment, commençons sans plus attendre à jeter un coup d'œil le fonctionnement de l'inconscient. Je précise que je ne pense pas décrire de façon exhaustive celui-ci mais plutôt d'en donner un bref aperçu en me servant d'une analogie, le fonctionnement d'un ordinateur.

On pourrait en effet, comparer l'inconscient à un ordinateur puissant, qui enregistre et garde en mémoire toutes les informations reçues. Sa fonction première est de capter les messages, c'est-à-dire les émotions, les pensées, les perceptions, les paroles et les images, et de les enregistrer sur son disque dur. Dans l'inconscient, tout est classé à différents niveaux de profondeur selon la menace qu'ils peuvent représenter pour l'individu.

Tout comme l'ordinateur est incapable d'exercer un jugement et se contente de suivre les directives de celui qui tape sur le clavier, l'inconscient enregistre les messages en provenance de l'environnement extérieur de la même façon.

Pour les besoins de l'exercice, le conscient est un clavier. C'est grâce à lui que les impressions sont acheminées vers l'inconscient. Le conscient retient une perception donnée, l'accepte, puis la transmet à l'inconscient. Il semble alors évident qu'il est important de filtrer celles que émanent de l'environnement. Il ne faut pas laisser tout ce qui provient d'autour de nous s'imprégner sans discernement dans le conscient, une sélection s'impose! Celle-ci est d'une importance capitale et c'est par l'introspection que celle-ci est possible.

Attardons-nous maintenant sur différents types de perceptions qui peuvent être emmagasinées dans l'inconscient. Nous étudierons celles qui entravent l'individu puis celles qui au contraire, motivent celui-ci dans la poursuite de sa quête de connaissance de soi. C'est indispensable de comprendre leurs impacts.

Les différents types de perceptions
Les perceptions limitatives

Les perceptions que j'appelle limitatives sont celles chargées d'émotions lourdes comme par exemple la peine, la peur, le sentiment d'insécurité, etc. Elles sont en lien avec des expériences traumatisantes vécues au cours de notre vie. Elles peuvent être ancrées dans l'inconscient depuis la tendre enfance ou provenir d'expériences vécues pendant l'adolescence ou encore à l'âge adulte. Elles sont reliées un état de souffrance intérieure et malheureusement ont un impact dommageable sur soi.

Prenons un exemple pour mieux comprendre. Pendant votre enfance, on vous défendait de vous mettre en colère. Chaque fois que cela vous arrivait, vous aviez droit aux remontrances et à une conséquence fâcheuse. En effet, vous étiez privé de sorties, de télévision, ou enfermé dans votre chambre. On allait même jusqu'à vous donner la fessée. En plus de vous punir, on vous répétait que vous étiez un enfant méchant. Vous avez fini par associer inconsciemment votre colère au jugement négatif de vos parents à votre égard. Vous avez grandi avec la perception d'être réellement un enfant indigne de vos parents. Vous avez fini par l'accepter celle-ci comme étant la vérité et vous avez appris à refouler votre colère car inconsciemment, vous aviez tellement peur de ne plus être aimé de vos parents.

Devenu adulte, dans certaines circonstances, vous ressentez parfois de la colère. Mais comme le message négatif est bien imprimé dans votre inconscient, vous vous sentez mal à l'aise. Vous avez une boule au creux de l'estomac. Vous avez peur d'exprimer votre colère, vous la refoulez et vous ne savez pas quoi faire avec, et pis encore, vous ne comprenez pas votre réaction. Pourquoi est-ce ainsi? Parce que les perceptions de votre inconscient sont empreintes de honte, de culpabilité, et de peur du rejet. Et, par-dessus tout, vous ressentez une profonde insécurité, la même que lorsqu'on vous grondait étant enfant. Inconsciemment, vous vous reprochez encore aujourd'hui de ne pas être un bon fils ou une bonne fille.

Voilà comment les perceptions conduisant à des comportements inadaptés peuvent être reliées à des situations vécues durant l'enfance telle que l'exemple précité et qu'on les perpétue jusqu'à l'âge adulte. Or, compte tenu que l'inconscient ne fait aucune différence entre ce qui est bon ou néfaste, le même processus s'applique aux perceptions motivantes.

Les perceptions motivantes

Ces perceptions proviennent également d'actes et de paroles logées dans notre inconscient. Prenons encore un exemple. Lorsqu'on respecte et encourage un enfant, lorsqu'on lui fournit un environnement propice au développement dans lequel il grandira en prenant conscience de ses qualités, et surtout, de son potentiel, inconsciemment, il enregistre des perceptions à l'opposé de celles décrites dans l'exemple précédent. Il aura la certitude qu'il compte aux yeux de ses parents. Il grandit donc avec le sentiment d'être quelqu'un de bien et de talentueux. Il part dans la vie avec confiance. Ses perceptions, lui donneront l'énergie et la motivation nécessaires à l'atteinte des objectifs qu'il se fixera au cours de sa vie.

À la lumière des exemples cités, il faut noter combien il est important de transmettre aux enfants une bonne image d'eux-mêmes. Cette perception les aidera à acquérir plus de confiance en eux et en la vie même. Il peut arriver qu'un enfant aimé et encouragé éprouve des difficultés à bâtir son estime personnelle. De même qu'il est possible qu'un enfant élevé dans un milieu peu propice à l'épanouissement acquiert une bonne estime de soi. Mais ce ne sont que des exceptions.

Quand on remplace des paroles aliénantes par des messages qui favorisent l'estime et la confiance en soi, c'est toute la dynamique de la relation parent-enfant qui en bénéficie. Commencez dès maintenant et vous constaterez des changements bénéfiques chez vos enfants comme chez vous. Et quand ceux-ci seront à leur tour parents, ils sauront combien il est important d'adresser des messages gratifiants et motivants à leurs propres enfants.

En étant conscient de ce processus, on peut en déduire que nous avons la liberté de choisir le genre de messages qu'on veut imprimer dans son inconscient. Pour certaines personnes, cela requiert un travail thérapeutique important bien entendu car tout cheminement personnel passe par la connaissance du contenu de son inconscient. Par contre, un bémol s'impose ici. Je ne crois pas que l'on puisse connaitre en totalité le contenu de celui-ci. Je pense qu'il contient trop d'éléments.

C'est possible d'empêcher les perceptions extérieures néfastes d'accéder à l'inconscient. C'est une question d'attitude face à la réception des messages provenant de l'environnement extérieur. C'est ici que le travail commence. En fait, devient ce qu'on est en fonction de ce qu'on imprime dans son inconscient. Si vous croyez en cette possibilité d'évolution, il ne vous reste plus qu'à entreprendre le changement. Par contre, n'essayez pas de tout changer en même temps. Vous vous retrouverez épuisé et vous risquez de tout abandonner et de maintenir le statu quo.

Regardons maintenant de plus près comment les perceptions reliées à nos expériences de vie se traduisent en croyances qui elles-mêmes se manifestent à travers les schèmes de comportement.

Les croyances

Avant de commencer, voyons la définition que donne le Larousse du mot croyance: "Opinion, pleine conviction". Les croyances sont ce que nous percevons comme véridique, ce sont nos convictions les plus profondes. Elles font partie de nous tel que déjà mentionné dans ce livre et sont directement associées aux perceptions contenues dans notre centre subjectif et dans notre inconscient. En fait, nos croyances dirigent notre façon de penser et d'agir.

En fait, elles tracent le chemin à suivre. Elles déterminent entièrement la ligne de conduite. Elles ont donc une forte répercussion sur la personnalité.

À l'instar de Raymond Charles Barker, on peut affirmer que notre vie est déterminée par nos croyances. Ce que vous êtes intérieurement commande votre vie extérieure. Se questionner sur ses propres croyances est un des moyens les plus efficaces de comprendre ce qui guide nos comportements.

En somme, les croyances entretenues consciemment ou non guident nos choix et limitent nos actions. Afin de saisir toute leur portée, nous allons maintenant découvrir d'où elles proviennent.

D'où proviennent-elles?

Nos croyances proviennent majoritairement de notre éducation. Tout petit, nous adoptons celles de nos parents et de notre milieu. Elles correspondent à ce qui est considéré comme juste et vrai.

Par exemple, si un parent estime que le sport est fondamental pour le développement des enfants, il poussera les siens à suivre des cours de natation, de hockey ou de gymnastique, ou encore, si les arts lui semblent indispensables, il transmettra cette croyance à ses enfants. C'est tout à fait normal et légitime me direz-vous. L'être humain est fortement influencé par ses croyances et les transmet aux générations suivantes. Le problème, c'est quand un parent use de son pouvoir pour inculquer coûte que coûte une croyance à un enfant. Bien que cette pratique soit la plupart du temps inconsciente, elle n'en est pas moins courante.

Voici un exemple. Roger croit que le hockey est le sport idéal pour son fils. Bien sur le hockey n'est pas un mauvais sport en soi, puisqu'il favorise le travail en équipe, la coordination motrice, etc. Mais si Roger pousse son fils à pratiquer ce sport, c'est parce qu'étant jeune, il aurait voulu faire partie d'une vraie équipe de hockey. Il en avait les aptitudes mais ses parents n'avaient pas les moyens financiers de lui acheter l'équipement nécessaire. Roger n'a donc pas pu réaliser son désir le plus cher. Cette déception est inconsciemment présente en lui encore aujourd'hui.

Ainsi, il désire fortement que son fils devienne un excellent joueur de hockey et qu'il soit sélectionné pour jouer dans une équipe. Il oblige son enfant à être le meilleur de son équipe. Quand il manque un but, il le réprimande très sévèrement. L'enfant souffre de cette situation. Pour comble de malheur, le jeune garçon ne s'intéresse pas beaucoup au hockey, il préfère la natation. Mais il tait son envie de pratiquer un autre sport, car il a peur que son père pique une colère s'il lui avoue ne pas aimer le hockey.

En tant que parent, il faut faire attention à la façon dont on se comporte avec les enfants. On doit vérifier sur quelles bases sont fondées nos croyances. En d'autres mots, il est primordial d'en connaître les raisons sous-jacentes. Il faut éviter de vivre par procuration, en imposant une aspiration qui a été la nôtre pendant notre jeunesse. Dans l'exemple qui précède, le comportement de Roger peut sembler de prime abord fondé sur une croyance légitime. Mais en fouillant un peu, on constate qu'elle est basée sur un désir insatisfait. Un parent ne doit jamais oublier qu'un enfant n'est pas un prolongement de lui-même mais bien un être humain à part entière qui a le droit d'avoir ses propres intérêts et ses propres croyances. Il est nécessaire de lui laisser une certaine liberté dans le choix de ses activités.

Il est crucial de comprendre que l'apprentissage de l'enfant est basé sur l'acquisition de comportements jugés acceptables par ses parents. Par besoin de sécurité, l'enfant modèle son comportement en fonction des réactions parentales. S'il se comporte comme ses parents le lui demandent, il se sentira rassuré et accepté par eux.

Revenons à l'exemple de l'enfant qui a appris à refouler sa colère. On apprend au petit François à être poli, respectueux, et on lui interdit la manifestation de toute forme colère. Il apprend à refouler les réactions et les émotions qui lui valent des punitions. Or, à la naissance de sa petite sœur, François éprouve une grande inquiétude. Il est incapable d'exprimer ce qu'il ressent, car il est trop jeune. Il perçoit ce bébé comme une menace. Il a peur de perdre sa place, d'être rejeté au profit de la nouvelle venue. Il ne veut pas d'elle. Il aimerait qu'elle disparaisse, que les choses redeviennent comme avant.

Au tréfonds de lui, François ne veut naturellement pas faire de mal à sa petite sœur. Il se sent seulement en danger. Il a peur que ses parents ne s'occupent plus de lui, qu'ils ne l'aiment plus! C'est pour cette raison qu'il réagit si fortement à l'arrivée du poupon à la maison. Il n'est pas gentil avec elle allant quelquefois jusqu'à lui pincer la peau dès que leur mère a le dos tourné. Celle-ci s'en aperçoit et réprimande sévèrement François en lui disant à maintes reprises qu'il est un petit garçon très méchant. Elle lui interdit désormais de s'approcher du bébé. L'enfant obéit à sa mère et refoule son désarroi et sa peur de ne plus se sentir aimé, d'être abandonné.

En fait, la situation est invivable pour lui, car elle crée une véritable angoisse et provoque en lui un profond sentiment de culpabilité. Il préfère abdiquer et se comporter comme le désire sa mère. Ce choix le réconforte, car il a l'impression que s'il ne fait pas mal à sa sœur, ses parents l'aimeront et cela le rassure.

Par contre, refouler ses sentiments et ses émotions l'amène indubitablement à se couper de son centre subjectif. Dans cet exemple, devenu adulte, la croyance d'être quelqu'un de méchant sera peut-être ancrée dans son inconscient. Il pourrait également éviter toute forme de réaction colérique allant jusqu'à éviter toute mésentente avec ses pairs.

Or, même si le lien entre ses croyances et ses comportements est clair dans cet exemple, le processus fonctionne si subtilement qu'il n'en a pas conscience. François se percevra comme quelqu'un de méchant. Cette perception de lui-même le pousse à réagir parfois violemment dans certaines circonstances. En vérité, les émotions refoulées sont comme des bombes à retardement. Elles finissent par exploser. Il est absolument indispensable de prendre conscience de la présence de celles-ci sans les refouler afin de désamorcer la bombe. Le message que François a reçu et intégré, c'est que ses émotions face à l'arrivée de sa petite sœur faisaient de lui quelqu'un de méchant. Il en est arrivé à croire que c'était vrai. Par conséquent, il a catégorisé ses émotions comme représentant un danger puisqu'elles le mettaient en opposition contre ses parents.

En résumé, l'enfant intègre des comportements dictés par ses parents. Il les fait siens, car c'est pour lui la seule façon de se sentir en sécurité. Devenu adulte, il se coupera de son centre subjectif. Il n'écoutera pas sa voix intérieure, car elle est la source de nombreux ennuis. L'enfant se définit à travers les autres (ses parents) et en fonction de ses pairs. À l'école, il adoptera la même ligne de conduite. Il se comportera comme le veulent ses enseignants, car il craint les sanctions et les conflits. On peut aisément comprendre combien il est important de laisser une certaine liberté à l'enfant, d'encourager celui-ci afin qu'il prenne l'habitude d'exprimer ce qu'il ressent.

C'est la même chose avec les croyances qui sont en lien avec le statut social ou à l'apparence physique. Nous vivons dans un monde où l'avoir et le paraître occupent une place prédominante. Sans dénigrer la beauté ou l'appartenance à une classe sociale, prendre conscience qu'il existe d'autres réalités est un pas de plus dans le cheminement personnel. Le statut social ou l'aspect physique ne sont que des représentations sociales propres à société donnée. Ce sont des aspects extérieurs à soi-même si nous en faisons intégralement partie et non pas une réalité intérieure. On ne peut se baser sur ces seuls critères pour évaluer la grandeur d'âme d'une personne. Il faut percevoir les gens dans leur globalité. Si, au cours d'une première rencontre, on s'arrête à l'apparence physique ou au statut social, on risque fort de passer à côté d'une relation enrichissante.

La richesse intérieure est enfouie dans le cœur de l'autre et ne doit pas être associée à son apparence physique. Le respect de l'autre dans sa différence est une composante du cheminement personnel.

On peut aussi être freiné par des croyances véhiculées dans notre milieu immédiat telles que: les études, c'est pour les jeunes, ou encore, tu n'as pas les aptitudes pour être avocat ou médecin, ou bien, être musicien ce n'est pas un travail, ou bien, le cheminement personnel c'est de la foutaise, comment peux-tu perdre de temps avec ce genre de boniment, etc. Toutes ces croyances nous empêchent d'accéder à notre créativité et nous paralysent. Ils étouffent nos aspirations profondes.

Il faut faire consciemment l'effort de ne pas laisser celles-ci s'imprégner dans notre inconscient et exercer une discrimination. On doit accepter uniquement les perceptions extérieures en accord avec nos désirs, nos aspirations, donc avec notre moi profond. Filtrer les messages extérieurs signifie que nous exerçons une discrimination consciente. On apprend à ne plus laisser pénétrer ceux qui nous amènent à douter de nous-mêmes, qui sapent notre confiance en nos talents et en nos qualités intrinsèques. Bien entendu, cela n'exclut pas l'ouverture d'esprit. Il faut apprendre à écouter les autres, prendre le temps d'analyser leur propos avant de tout rejeter du revers de la main.

En résumé, bien se connaître, il faut fouiller en soi. Prendre conscience de ses croyances profondes, de ses désirs les plus chers et de ses buts fait partie du cheminement personnel. L'importance de la pratique de l'introspection ne fait aucun doute. y reviendrai plus en détail dans le chapitre quatre.Les limitations sont quasiment toujours omniprésentes. On subit des influences dès l'enfance et cela se poursuit tout au long de la vie. Quelles en sont les conséquences dans le cheminement de l'adulte? Que se passe-t-il si on ne prend jamais le temps de faire le point sur ses croyances afin de savoir si celles-ci nous conviennent, si elles reflètent vraiment notre véritable moi autrement dit notre moi authentique? On risque de développer ce que j'appelle un faux moi. En voici la définition.

Le faux moi

Le faux moi prend majoritairement racine à partir des perceptions assimilées inconsciemment au cours de la vie. Comme mentionné auparavant, nous avons vu que déjà enfant, on apprend à se comporter selon la socialisation reçue dans son milieu. Les comportements qui en résultent sont basés sur des fondements qui ne correspondent pas nécessairement à la personnalité propre à chaque individu. Autrement dit, il peut exister un écart entre la vraie personnalité et les croyances et comportements adoptées par besoin de sécurité.

C'est alors que surviennent les problèmes d'adaptation dus à l'impossibilité d'exprimer sa véritable personnalité, son authenticité. Bien sur, cela se passe à un niveau inconscient. Prenons un exemple afin de mieux comprendre le concept du faux moi. Revenons à François, l'enfant qui réagissait violemment à l'arrivée de sa petite sœur à la maison. Suite à l'expérience vécue à ce moment, il a grandi avec l'impression que sa colère était l'expression de sa méchanceté. Tout au long de sa vie, François refoule les émotions reliées à la colère. Il se sent mal à l'aise dès qu'il éprouve de l'agressivité.

Pourtant, la colère est un sentiment humain sauf que notre ami n'a pas appris à libérer celle-ci adéquatement. On ne lui a pas permis de verbaliser ce à quoi était reliée cette colère. C'est sa mère qui lui a inculqué cette croyance. Or, elle ne l'a pas fait délibérément. Il faut comprendre qu'elle avait raison de réprimander François, car on ne peut pas laisser un enfant faire du mal à un bébé. Le problème c'est qu'elle blâmait François sans lui laisser l'occasion d'exprimer ce qu'il ressentait face de l'arrivée d'un nouvel enfant dans la maison. On peut comprendre qu'un nouveau-né chamboule autant la vie des parents que des enfants. En tant que parent, toute notre attention est dirigée vers celui-ci.

Ainsi, François a associé son agressivité à sa méchanceté d'une part et à la peur de l'abandon maternel d'autre part s'il laissait libre cours à l'expression de celle-ci. C'est pour ça qu'il se sent aujourd'hui très mal quand il sent la colère monter en lui. Mais dans son for intérieur, il sait qu'il n'est pas méchant. Il devra se fier à cette petite voix et remplacer consciemment les croyances inculquées lors de cet épisode de son enfance.

De plus, quand on est aux prises avec un faux moi, on entretient inconsciemment une anxiété directement reliée à cette l'aliénation de soi, au reniement de sa personnalité. Pour se libérer de cette angoisse, il faut là encore se questionner sur ses propres croyances et pratiquer l'introspection. C'est encore et toujours le moyen par excellence à qui veut se départir des croyances qui ne sont pas en diapason avec sa personnalité profonde.

Bien sûr, l'introspection ne règle pas l'anxiété comme par magie, mais elle permet de prendre conscience des causes du malaise intérieur. Même si celle-ci cause elle aussi de l'anxiété pendant quelques temps, elle aide à trouver les facteurs d'angoisse, ainsi que les solutions qui apporteront un soulagement durable. Il est normal d'éprouver une certaine angoisse lorsque l'on travaille à modifier certains schèmes comportementaux.

Nous savons maintenant à quel point les croyances peuvent limiter nos actions dans notre vie quotidienne et combien les limitations qui en découlent entravent notre prise de conscience de qui nous sommes réellement. Nous allons à présent regarder de façon plus approfondie les conséquences de ces croyances chez l'adulte.

Les conséquences des croyances chez l'adulte

Comme nous l'avons vu, nos croyances proviennent de l'extérieur de nous par le biais de la socialisation. De plus, noua avons tendance à développer une vision extrinsèque plutôt qu'intrinsèque. Par extrinsèque, j'entends que l'on définit sa personnalité à partir de données provenant de notre environnement extérieur. Intrinsèque signifie que l'on s'identifie à des croyances et à des valeurs qui sont en concordance avec la définition de notre personnalité authentique. Afin arriver à départir le tout, un sérieux questionnement face à celles-ci est inévitable.

Une définition de soi basée en grande partie sur vision extrinsèque risque de donner naissance à une crise existentielle. On finit par prendre conscience d'un vide intérieur dont on ignore la provenance. On éprouve une sorte de malaise indéfinissable. Souvent, on se contente de rationaliser son malaise en l'attribuant à des facteurs extérieurs jusqu'à ce que l'on se rende compte que celui-ci est en nous.

En effet, quand notre regard est dirigé vers l'extérieur, on utilise sa logique, ou son intellect si vous préférez pour trouver les causes de son malaise intérieur. C'est normal car c'est ce qui est privilégié dans notre culture. Par conséquent, on pense que cela atténuera la souffrance et qu'en occultant ses sentiments et ses émotions, on les élimine. Mais en fait, ce qu'on n'exprime pas s'imprime dans l'inconscient et finit par causer des dégâts autant psychologiques que physiques.

Le cheminement personnel passe par l'expression de ses émotions et de ses sentiments profonds même si c'est, sur le coup, la source d'une réelle souffrance. Il vaut mieux souffrir et éprouver de la peine au moment où on vit une expérience difficile, car l'émotion sera exprimée et non refoulée. Les dégâts intérieurs seront limités et risqueront d'entraîner moins de séquelles dommageables. Je vous rappelle qu'il est faux de croire qu'exprimer ses sentiments et ses émotions est une preuve de faiblesse. Bien au contraire, la présences de ceux-ci en nous, font que nous sommes des êtres humains.

Beaucoup de gens espèrent tôt ou tard suffisamment se connaitre et accéder à leur richesse intérieure. Certains veulent évoluer, changer leur vie mais, ils éprouvent de la difficulté à remettre en cause leurs comportements inadaptés. Ils se disent: Je ne comprends pas! Ça marche pour les autres mais pas pour moi. Je ne sais pas pourquoi! Ils veulent évoluer mais ils ont de la difficulté à développer une relation sincère avec eux-mêmes.

Cet état psychologique est une source de stress, car ils sont véritablement pris entre l'arbre et l'écorce. Ils veulent sincèrement changer, améliorer la qualité de leur vie, mais ils sont aux prises avec la peur de se connaître. Tant que l'on n'a pas pris conscience de cette appréhension bien normale, les perceptions du centre subjectif restent voilées car lever celui-ci équivaut à se regarder dans un miroir et ma foi, ce peut être très stressant!

Nous allons maintenant jeter un coup d'œil sur deux attitudes restrictives qui découlent de la peur de se connaitre et qui nuisent considérablement à la prise de conscience des perceptions enfouies dans l'inconscient; la victimisation, ou l'apitoiement sur soi et l'excusite, ou pourquoi changerais-je mes comportements si les autres ne le font pas. Elles ont comme effet direct de détourner l'attention de la personne de son vrai travail c'est-à-dire, assumer entièrement la responsabilité de son évolution personnelle.

La victimisation ou l'apitoiement sur soi

Quand une personne développe des comportements axés sur la "victimisation", elle attribue généralement ses malheurs, ses peines, ses souffrances ou ses échecs personnels à des circonstances extérieures à elle-même. Autrement dit, toute mauvaise expérience est attribuable aux autres personnes, parents, patrons ou encore, aux circonstances de la vie, à la société, etc. Il va sans dire qu'un tel comportement risque d'aveugler la personne à un point tel qu'elle en arrive à renier sa responsabilité personnelle.

Prenons un exemple, vous ne terminez jamais ce que vous entreprenez. Que ce soit le ménage ou la lecture d'un livre, vous abandonnez avant la fin. À plusieurs occasions, vous avez pris connaissance d'offres d'emploi alléchantes mais vous n'avez jamais pris la peine de terminer votre curriculum vitae et bien entendu, d'autres que vous ont obtenu ces emplois intéressants. Vous souffrez de votre attitude. Elle vous démoralise et vous vous mésestimez profondément. Après un certain temps, vous relevez vos manches vous décidez de remédier à cette situation désagréable.

Mais quand vient le temps de produire les efforts nécessaires, vous vous effondrez, vous vous apitoyez sur votre sort en vous disant: Ce n'est pas de ma faute si je suis comme ça, c'est la faute de mes parents. Ils ne m'ont pas encouragé1 Ils étaient trop occupés. Ils ne m'ont pas appris non plus à terminer ce que j'entreprends, ou encore, pourquoi mettrais-je tant d'énergie à me construire et à distribuer mon CV. Je ne serai pas engagé car ils trouveront meilleur que moi et de toute façon, je ne sais pas me vendre!

Dans cet exemple, c'est clair qu'une telle attitude est basée sur l'apitoiement sur soi, où la part de responsabilité est complètement occultée. Difficile d'évoluer avec une telle attitude. On porte son attention sur des causes extérieures comme le manque d'identification positive ou d'encouragements pendant l'enfance. On se perçoit comme une victime. Dans une telle situation, la personne se perçoit plus comme un objet n'ayant aucun pouvoir de modifier le cours de son existence que comme un sujet exerçant un pouvoir sur le cours de sa vie.

La victimisation paralyse. Inutile d'insister sur l'obligation d'opérer une prise de conscience. Ce n'est pas facile d'assumer la responsabilité de ses comportements et de ses actions. On doit prendre conscience de ses propres perceptions et examiner ses actions au lieu d'attribuer tous ses malheurs à des causes ou à des influences extérieures et se poser en victime. Il faut pratiquer l'introspection, trouver les réponses en soi. Au besoin, il ne faut pas avoir peur d'aller chercher de l'aide Voyons maintenant la seconde attitude tout aussi néfaste, l'excusite.

L'excusite pourquoi changer quand les autres ne le font pas!

L'excusite permet de se trouver toutes sortes de bonnes raisons afin de maintenir le statu quo intérieur. Elle découle du fait que l'on ne désire pas réellement changer les comportements inadaptés, ceci demandant trop de travail sur soi.

Prenons l'exemple d'une personne malhonnête. Elle sait dans son for intérieur que ce comportement est une source de problèmes pour elle-même. Elle aimerait changer, mais quand vient le temps de passer à l'action, elle se dit; pourquoi modifier mes comportements, puisqu'on vit dans une société où la plupart des gens sont malhonnêtes. Ils travaillent au noir, fraudent le fisc, l'assurance emploi, ou bien volent, etc.! Alors pourquoi ferais-je autant d'efforts quand les autres maintiennent le statu quo ?

Cet exemple permet de comprendre aisément ce qu'est l'excusite. Comme dans la victimisation, la personne se tourne vers l'extérieur afin d'excuser ses comportements. Dans ce cas-ci, elle continue d'être malhonnête en se défendant sur le fait que les autres ne font rien pour arrêter de l'être.

Bien sûr, une telle attitude freine considérablement le cheminement personnel. En fait, nous pouvons douter de la sincérité de cet individu face à son désir d'évoluer.

D'autres limitations tout aussi paralysantes peuvent être présentes. Ce sont des émotions qui freinent l'évolution personnelle, car ils bloquent considérablement la relation à soi. Nous parlons du ressentiment la colère et la haine.

Le ressentiment, la colère et la haine

Ancrés dans le centre subjectif, ces sentiments négatifs altèrent le jugement face à une situation donnée ce qui a comme conséquence directe d'amplifier les réactions face à celle-ci.

Prenons un exemple. Vous avez trouvé dans les petites annonces de votre quotidien une offre d'emploi qui correspond à votre profil professionnel. Vous en parlez à un ami qui a étudié dans le même domaine que vous. Il décide de passer l'entrevue de sélection. Il vous lâche un coup de fil pour vous en aviser. Il vous demande si advenant le cas qu'il décroche l'emploi vous allez lui en vouloir et vous lui répondez par la négative. Si au contraire vous obtenez celui-ci, sa réponse est similaire. L'entente est établie ainsi.

Or, c'est lui qui décroche l'emploi. Lorsque vous l'apprenez, votre frustration est grande et vous lui en voulez malgré votre parole donnée. Vous êtes totalement incapable de comprendre que votre ami avait droit à cet emploi autant que vous. Votre attention est uniquement fixée sur ce que vous ressentez. Vous êtes en quelque sorte prisonnier de vos émotions. Pris dans ce tourbillon de frustration et de ressentiment vous en êtes tellement envahi que sont ceux-ci qui dictent votre conduite. Vous perdez votre contrôle et par ricochet, votre bon sens.

De tels sentiments négatifs créent un tourbillon intérieur qui empoisonne littéralement la vie. Prenez un instant et pensez à un événement de votre vie qui a provoqué chez vous de la colère ou de la frustration. Laissez l'émotion vous envahir pendant quelques instants et essayez de percevoir ce qu'elle provoque en vous. Essayez de vous rappeler comment ces sentiments ont pu altérer votre jugement et influencer vos décisions.

Afin de voir clair en la situation, il faut réussir à prendre du recul face à l'émotion ressentie. Quelle est la conduite à adopter afin d'y arriver? Premièrement, respirez profondément pendant une minute ou deux afin de vous calmer. Deuxièmement, c'est encore et toujours par l'introspection qu'il est possible de percevoir sur quelles perceptions reposent notre émotion. En effet, souvent, les sentiments tels que la colère ou la frustration font office de muraille entre vous et la véritable émotion. En d'autres mots, la colère cache une autre émotion derrière elle! Prendre contact avec celle-ci est essentiel afin de comprendre votre propre réaction face à votre ami. Dans cet exemple, c'est le manque de confiance en soi qui est masqué par lacolère.

Dans l'exemple précédent, après être entré en contact avec les émotions qui se cachent en arrière de votre frustration, il vaudrait mieux rencontrer votre ami pour avoir une explication avec lui. Exprimer ses sentiments permet de dissiper votre malaise intérieur. Autant que possible, dites toujours à la personne concernée ce que vous avez ressenti dans une situation contrariante. Cela signifie lui dire comment vous vous êtes perçu, c'est-à-dire ce quel sentiment se cachait derrière votre frustration. S'il vous est impossible de le faire de vive voix, écrivez-le. Cela vous libérera d'un sentiment paralysant.

Il est inutile d'entretenir des émotions telles colère, la frustration ou le ressentiment, qui gâchent la vie et déforment les perceptions face à l'expérience vécue. C'est finalement à soi qu'on fait le plus de mal. Si on laisse de tels sentiments guider sa conduite, on court tout droit à l'auto sabotage. On ne peut espérer trouver la paix intérieure en entretenant de tels sentiments.

Avant de terminer ce chapitre, je vais vous faire part d'une théorie d'Abraham Maslow: la pyramide des besoins fondamentaux. Les besoins fondamentaux qui n'ont pas été comblés pendant l'enfance laissent des séquelles psychologiques dans l'inconscient et se traduisent plus tard par des schèmes de comportements pas toujours adaptés. La connaissance de ces besoins fondamentaux est à la base de la connaissance de soi.

Les besoins fondamentaux

Nous avons toutes et tous, adultes comme enfants, des besoins fondamentaux à combler. Quels sont-ils? Abraham Maslow (1954) a élaboré à ce sujet une théorie appelée: la pyramide des besoins ou des aspirations de l'être humain. Selon lui, il existe une hiérarchie des besoins qu'il illustre par une pyramide décrite de bas en haut.

Besoins physiologiques

Ce sont les besoins vitaux, les premiers à combler: respirer, manger, boire, dormir, etc.

Besoin de sécurité

Le besoin de protection, de se sentir rassuré, de sentir qu'on ne manquera de rien, de se sentir sécurisé par ses pairs (parents, proches).

Besoin d'appartenance et d'amour

Le besoin de se sentir aimé, compris, accepté. Ce besoin d'appartenance est relié au désir de percevoir que l'on a une place bien à soi au sein de sa famille, de ses amis, etc.

Besoin de considération

Le besoin de se sentir estimé et respecté des autres.

Besoin d'épanouissement personnel

Le besoin d'être pleinement soi-même, de laisser s'épanouir sa créativité et ses talents, de répondre entièrement à ses propres aspirations.

On commence par satisfaire ses besoins de base, les besoins physiologiques, puis les besoins de sécurité, et ainsi de suite jusqu'au sommet. Il est important de retenir qu'on ne peut accéder aux besoins supérieurs que si les besoins fondamentaux sont satisfaits. En effet, un affamé va d'abord consacrer ses énergies à trouver de quoi se nourrir et ne se souciera guère de son besoin d'épanouissement personnel. La hiérarchie des besoins est ici évidente. Certains grandissent sans que leurs besoins fondamentaux soient comblés et, selon Abraham Maslow, ils recherchent inconsciemment à les combler par la suite. Prenons un exemple pour mieux comprendre.

Enfant, le besoin de sécurité de Jean n'a pas été comblé. Déjà tout petit, c'était un enfant qui avait peur de s'avancer, de partir à la découverte de son environnement immédiat. Ses parents n'avaient aucune connaissance des besoins fondamentaux et, de plus, ils travaillaient tous deux à l'extérieur de la maison. Quand la famille se retrouvait le soir, ils étaient trop exténués pour consacrer du temps à Jean, qui a grandi avec ce manque affectif.

Devenu adulte, il a inconsciemment développé certains schèmes de comportements servant à satisfaire son besoin de sécurité. Les achats sont un de ces principaux moyens d'y remédier. Il achète toutes sortes de choses et ne peut pas passer une semaine sans rien acheter. C'est un acheteur compulsif. Dès qu'il veut quelque chose, il fait tout son possible pour se le procurer. Mais quand il l'obtient, il n'éprouve jamais la satisfaction escomptée. Il en veut toujours plus. Jean achète ce qu'il désire mais, il est toujours aussi anxieux.

Analysons brièvement son comportement. Nous savons que Jean souffre depuis son enfance d'un manque de sécurité et, inconsciemment, il cherche à combler ce vide intérieur. C'est avant tout pour ça qu'il s'attache aux biens matériels. Il croit, même s'il ne s'en rend pas compte, qu'en possédant toujours plus, il comblera ce vide relié à son besoin de sécurité.

Un besoin insatisfait laisse des séquelles. La plupart des gens ressentent un vide intérieur dont ils ignorent la provenance. Remarquez bien que Jean se leurre quand il cherche à combler son manque en s'appropriant des choses. Car même en achetant tout ce qu'il désire, il ne comblera pas son besoin de sécurité.

Il faut satisfaire le besoin de l'intérieur et non de l'extérieur. Pour combler un manque de façon durable, il faut avant tout en prendre conscience et voir le lien entre ce manque et les comportements qu'il entraîne. Pour y parvenir, il est nécessaire d'établir une relation avec soi. Quand Jean aura pris conscience de ses schèmes de comportement, il découvrira des solutions pour combler son besoin insatisfait. Ce processus est valable pour tous les autres besoins. Précisons que, même si on peut combler la plupart des besoins de l'intérieur, certains comme l'amour et l'affection, nécessitent un lien avec d'autres personnes.

Ce sont les principes essentiels de la théorie de Maslow sur la pyramide des besoins. On a tous, pour la plupart, des besoins insatisfaits et plus nos besoins fondamentaux seront comblés, plus on sera en mesure de combler nos besoins supérieurs. En fait, quand on apprend à combler ses besoins de base en trouvant des solutions durables, on peut par la suite concentrer son énergie sur la satisfaction du besoin d'épanouissement personnel.

Il faut apprendre à reconnaître ses besoins et à les satisfaire. Cette prise de conscience est nécessaire, c'est ce qu'on appelle la responsabilité personnelle ou intentionnalité. Cela signifie qu'on est responsable de soi-même, de la satisfaction de ses besoins, de sa propre aliénation comme de son plein épanouissement personnel et de sa créativité. Il faut découvrir la nature de ses manques et les comportements restrictifs qu'ils entraînent.

L'intentionnalité ou la responsabilité personnelle

C'est clair maintenant que la connaissance de soi passe par une modification des perceptions relies au vécu. Si on est seulement à l'écoute de ce qui vient de notre environnement extérieur, on risque d'être beaucoup plus influencés, voire gouvernés, par ces stimuli extérieurs. Par conséquent, on a l'impression de ne pas avoir beaucoup de pouvoir sur les événements qui surviennent dans notre vie. Dans ces circonstances, le moindre changement d'ordre financier ou affectif peut occasionner une grande insécurité.

Une vision plus orientée vers nos propres sentis permet beaucoup plus d'être à l'abri des tempêtes du monde extérieur. On se fie à son propre système de références, c'est-à-dire à ses propres possibilités, à ses qualités intrinsèques, à sa capacité de résoudre ses problèmes. Autrement dit, on écoute notre petite voix intérieure. Quoi qu'il arrive, même si certaines expériences sont difficiles, on ne se remet pas profondément en cause. On sait qu'on peut compter sur ses forces intérieures et on ne se laisse pas déstabiliser par les impondérables de la vie.

Prenons un exemple. Votre situation financière actuelle semble vous mener tout droit vers la faillite. Depuis que vous vous en êtes rendu compte, vous vivez un stress énorme. Vous souffrez d'insomnie et vous êtes de moins en moins patient avec votre conjoint et vos enfants. Vous savez que la situation ne peut plus durer comme ça mais vous êtes incapable d'exprimer la raison profonde de votre malaise. Vous attribuez la faute de vos problèmes financiers à la société capitaliste. Vous pensez que votre patron fait trop de profits et ne paie pas assez ses employés. Vous en voulez à la terre entière. Vous commencez à avoir des problèmes de santé, à souffrir d'ulcères à l'estomac. Comme les ulcères sont directement reliés au stress, votre médecin vous interroge sur votre vie personnelle. Vous lui répondez; je n'ai aucun problème personnel. Le seul problème, c'est que tout coûte tellement cher et que mon patron, ne pense qu'à faire des profits sur le dos de ses employés que je m'en vais tout droit vers la faillite". Or, suite à cette visite médicale, devant la détérioration de votre situation financière, et toute la détresse qui s'en suit, vous prenez conscience qu'il est grand temps de faire quelque chose, car vous savez que poursuivre dans cette direction ne fera qu'empirer vos malaises physiques et psychologiques.

Vous avez donc le choix: vous pouvez continuer de percevoir ainsi cette épreuve difficile et souffrir d'ulcères à l'estomac et de mettre en péril votre relation de couple ou vous décidez consciemment, par un acte de volonté de votre part, de voir les choses différemment en vous arrêtant le temps de faire un travail d'introspection. Vous comprenez tout le tort que vous vous faites. Vous prenez le temps de vous questionner et de mettre en lumière les causes profondes de votre malaise.

Vous découvrez alors que c'est votre insécurité intrinsèque vis-à-vis la vie qui guide vos réactions. Vous vous rendez compte que c'est la peur de manquer de quelque chose. Vous êtes issu d'un milieu très pauvre. Des souvenirs montent en vous comme par exemple, ces matins ou il n'y avait pratiquement aucune nourriture sur la table. Ce n'est pas parce que vos parents étaient alcooliques ou quoi que ce soit. C'était tout simplement comme ça. Les revenus provenant du travail saisonnier de votre père n'étaient pas suffisants pour faire vivre une famille de huit enfants. Face à cette expérience difficile, vous vous êtes promis de ne jamais revivre un tel cauchemar. Vous avez donc commencé à travailler très jeune allant jusqu'à abandonner vous études avec tout juste un diplôme d'études secondaires en main. Vous avez affectivement toujours eu un emploi mais, faute de diplôme technique, vous n'avez jamais reçu un salaire suffisant vous permettant de combler vos besoins.

Par l'introspection, vous découvrez que ce n'est pas la société consumériste ou encore votre patron qui vous causent des ulcères à l'estomac. C'est cette insécurité latente, directement reliée à votre passé. Vous prenez conscience des perceptions cachées derrière votre peur. N'oubliez pas, il y a pratiquement toujours des perceptions occultées par le stress, ou par la colère par exemple. Vous réalisez dans votre esprit, que le fait de vivre des difficultés financières suffisamment graves que vous pensez à la faillite, vous manquez à la promesse que vous vous êtes faites à l'adolescence. Cette pensée vous jette par terre. Vous voyez cette alternative comme le plus cuisant des échecs. Dans de telles circonstances, vous réalisez qu'il était moins traumatisant pour vous de mettre votre situation financière sur le dos de votre patron.

Mais maintenant que vous avez une vision plus claire de vos perceptions face à cet épisode de votre vie, vous vous rendez compte que la seule et unique personne que peut vous aidez à vous en sortir c'est vous-même. Vous apprenez à vous responsabiliser. Se responsabiliser signifie avoir la capacité de reconnaitre que ce qui nous arrive au cours de notre vie est une conséquence de la façon dont nous nous occupons de nos affaires (c'est-à-dire de notre façon habituelle d'aborder les situations et autrui) et que nous pouvons changer nos attitudes face à nos expériences de vie (G. Egan, F.Forest 1987).

C'est inutile de gaspiller son énergie à blâmer les autres ou à se lamenter sur la précarité des choses. C'est la façon dont on perçoit ce qu'on vit qui fait toute la différence. Il faut déterminer en toute honnêteté la nature de ses perceptions et de ses réactions. Il faut s'habituer à se questionner pour comprendre les causes intrinsèques de ses comportements. Sans cette responsabilisation, le chemin qui mène à l'épanouissement personnel demeure long et ardu.

En résumé, ce chapitre a permis de comprendre comment fonctionne l'inconscient, comment le monde extérieur influence nos comportements et notre vie, et comment se forme le faux moi. Ce faux moi entraîne certaines attitudes mentales restrictives, en l'occurrence la victimisation et l'excusite, et certains sentiments négatifs, comme la colère, la haine et le ressentiment, ont un caractère néfaste.

La responsabilisation, ou intentionnalité, est importante pour le cheminement personnel parce "elle permet de prendre conscience de son propre pouvoir et de changer les perceptions et les messages contenus dans l'inconscient. Passons maintenant au prochain chapitre.

Chapitre 3
Comment se libérer de ses limitations

Dans ce chapitre il sera question du développement de certaines aptitudes essentielle au cheminement personnel. Je vous proposerai en quelques sorte, un coffre à outils qui vous permettra de favoriser le processus d'introspection. Mais auparavant, afin de mieux comprendre comment on peut modifier nos comportements inadaptés, j'aurai recours à une métaphore: l'air dans les tuyaux. Puis, je décrirai les tableaux mentaux et j'expliquerai l'importance de l'équilibre dans la vie quotidienne. Pour terminer, je vous présenterai trois éléments essentiels à l'évolution personnelle: le désir, la volonté et la persévérance. Ils sont la fondation sur laquelle repose la connaissance de soi!

Puisque chacun perçoit son vécu d'une façon qui lui est propre, selon ce que contient son inconscient, nous réagissons tous différemment face à une situation donnée. Tout dépend des perceptions mises en cause. Grâce à la responsabilité personnelle ou intentionnalité, on peut mettre l'accent sur des perceptions favorables au cheminement personnel. Dès lors, tout apprentissage recèle d'immenses trésors dont le but ultime est l'évolution de l'être humain.

Faire du cheminement personnel une priorité conduit à l'épanouissement de notre sagesse intérieure, qui nous aide à comprendre le sens profond notre vécu. Je crois que le but premier de notre existence terrestre, c'est de saisir en quoi chaque expérience nous permet d'évoluer. Nous sommes nombreux à répéter plusieurs fois les mêmes expériences tout au cours de notre vie avant d'en comprendre le sens profond. Quand il s'agit d'une épreuve, on souffre tant qu'on n'a pas découvert sa signification, c'est-à-dire tant que l'on n'a pas saisi la leçon qu'elle contient. Sinon le même genre d'épreuve risque de se reproduire encore et encore. Je suis conscience qu'il existe des épreuves pour laquelle c'est difficile voire impossible d'en comprendre le sens comme la mort d'un enfant par exemple. Je ne prétends nullement détenir la clé du mystère de la vie et de la mort. Tout ce que je sais, c'est que certaines personnes font preuve de résilience et d'autres pas.

Pour revenir au sujet qui nous occupe, il est important de pratiquer l'introspection pour comprendre une expérience dans sa globalité. Le cheminement personnel prend tout son sens à travers celle-ci sans pour autant être facile. C'est à chacun de décider de regarder en soi pour mieux comprendre chaque expérience vécue. Nous savons dorénavant que chaque individu a le choix entre se responsabiliser et agir ou se déresponsabiliser et subir.

La connaissance de soi est un processus qui s'étale dans le temps. Pendant un certain temps, l'inconscient continuera d'envoyer des messages contenant des émotions lourdes. C'est normal. Un réajustement s'effectuera peu à peu au niveau du conscient. On ne peut pas modifier rapidement ce qui est ancré dans l'inconscient. Il faut pratiquer l'introspection chaque jour pour pouvoir modifier les perceptions quand cela s'avère nécessaire. La vigilance est essentielle dans le cheminement personnel.

Ce qui importe c'est de réussir à modifier ses schèmes de comportements. C'est un processus individuel dont la durée variera d'une personne à l'autre. Il est inutile de gaspiller son énergie à vouloir établir des comparaisons. Ce qui compte avant tout c'est le résultat final. Avec l'aide d'une métaphore, voyons en gros comment s'opère le processus de transformation de nos perceptions.

L'air dans les tuyaux

Pour mieux comprendre combien il est important d'adopter et de conserver des aptitudes facilitant la compréhension du sens de vos expériences personnelles, j'utiliserai donc une métaphore: l'air dans les tuyaux.

Quand les employés de la ville coupent l'arrivée d'eau chez vous, de l'air s'introduit dans les tuyaux. Quand ceux-ci rétablissent l'approvisionnement en eau et que vous ouvrez les robinets, c'est comme si toute la tuyauterie subissait des ratés. Au début, il sort uniquement de l'air. Par la suite, elle se raréfie peu à peu puis cède sa place à l'eau. Ensuite, dès que l'air est entièrement évacué, l'eau s'écoule normalement.

Les comportements inadaptés et les attitudes limitatives sont comme l'air dans les tuyaux. Avant que l'on fasse le choix conscient de travailler à améliorer sa qualité de vie,, ils occupent toute la place. Quand on décide de remplacer une attitude restrictive par une attitude favorable à l'évolution personnelle, l'attitude néfaste prédomine pendant quelque temps. Mais si l'on persévère suffisamment longtemps, la nouvelle attitude s'imposera peu à peu. Pendant un temps, les deux attitudes sont présentes simultanément. Si on continue à maintenir ses efforts, l'attitude positive remplacera l'attitude limitative qui finira par disparaître complètement. Et c'est ce qui se passera avec tout changement entrepris.

Nous verrons maintenant comment développer des attitudes qui favorisent le cheminement personnel. Ce sont des outils qui permettent de découvrir ses forces intérieures. On peut comparer celles-ci aux ressources naturelles de la terre. Ces richesses sont enfouies profondément et il faut creuser pour y accéder. Croyez-vous qu'on aurait eu accès à toutes ces ressources naturelles si certains n'avaient pas eu le courage de creuser pour les découvrir? Sûrement pas. Il a fallu que des gens audacieux entreprennent des fouilles minutieuses, parfois même au risque de leur vie.

Comme les ressources naturelles, des forces insoupçonnées sont cachées dans les profondeurs de l'être humain. Pour pouvoir y accéder, il faut donc creuser au-dedans de nous-mêmes.

Adopter des attitudes favorables au cheminement personnel procure l'énergie nécessaire à cette fouille intérieure qui permettra de découvrir ses propres ressources. Voici une liste non exhaustive de ces attitudes qui facilitent l'accès à soi.

Attitudes favorisant le cheminement

Si vous pensez; d'accord, c'est bien beau tout ça, mais c'est difficile à mettre en pratique. Je n'arrive pas à rester concentré sur l'adoption d'attitudes favorables, vous avez raison. Modifier une attitude demande une rééducation. On doit en quelque sorte se prendre en main pour se guider soi-même. Il faut établir un dialogue avec soi et s'encourager sans cesse. Personne ne peut faire le travail pour nous. Nous en sommes personnellement responsables.

Voici maintenant cette boîte à outils qui si vous l'utilisez, vous permettra de récolter le meilleur de vos expériences. Elles sont: la volonté, la persévérance, l'ouverture d'esprit, la foi, la discipline, l'honnêteté l'acceptation, le courage et l'humilité.et l'équilibre. Mais avant tout, il faut posséder en soi la bougie d'allumage nécessaire au cheminement personnel, le désir.

Le désir

Le désir est l'étincelle qui donne l'énergie afin d'avancer dans cette direction inconnue qu'est la quête de soi. Sans le désir sincère de s'améliorer et de progresser, rien n'est possible. La première question qu'on doit se poser avant de modifier tout comportement, c'est; en ai-je vraiment et sincèrement envie? Le désir vient-il du plus profond de moi ou est-ce seulement pour faire plaisir à quelqu'un d'autre, autrement dit, afin de me conformer aux désirs d'une autre personne? En effet, certains entreprennent un cheminement personnel uniquement pour imiter leurs pairs. Vous devez vous demander en toute sincérité: Ai-je vraiment envie de faire tous les efforts possibles pour modifier mes comportements néfastes ou encore afin de découvrir ma véritable personnalité? Chose certaine, si c'est le cas, vous y parviendrez. À ce désir, il faut associer une autre disposition mentale bénéfique: la volonté. La volonté comme le désir se situent dans le conscient. Ici, ils sont associés à l'évolution personnelle, à la connaissance de soi, de ses manques comme des ses forces.

La volonté

Un désir sincère entraine une volonté impérieuse de voir celui-ci se réaliser. La volonté fait partie inhérente du désir. Elle se traduit par l'action et, sans action, rien ne se produit. Sans volonté, il est impossible de modifier un comportement.

Certains peuvent avoir une volonté plus ou moins déficiente malgré le fait qu'il soit habité par un désir sincère de progresser dans la connaissance de soi. Mais il ne faut pas perdre espoir. La volonté, c'est comme l'exercice physique. Quand on commence à s'entraîner, le corps n'est pas habitué et les muscles deviennent vite douloureux. Mais si on persévère, on finit par aimer l'entraînement et par en découvrir tous les bienfaits.

C'est la même chose avec la volonté. Les premières fois qu'on désire changer une mauvaise habitude ou un comportement inadapté, il est difficile de trouver la volonté pour le faire. De plus, celle-ci a parfois tendance à s'émousser. Par contre, si elle est accompagnée d'un désir sincère, on n'abandonne pas, car on finit par se rendre compte des bienfaits. Après le désir et la volonté, il ne manque plus que la persévérance.

La persévérance

La persévérance doit devenir dès aujourd'hui notre meilleure amie. Elle est aussi nécessaire à l'être humain que l'essence à l'automobile. Si on ne nourrit pas ses désirs et sa volonté de persévérance, la panne d'essence nous attend. Autrement dit, on risque d'abandonner.

Il ne faut jamais, jamais abandonner, car le succès est peut-être après le prochain tournant. Persévérer, c'est faire de son mieux chaque jour. La persévérance mène vers des sommets encore inexplorés de la personnalité.

L'ouverture d'esprit

Quelqu'un a dit: L'esprit est comme un parachute, il ne fonctionne que lorsqu'il est ouvert. Voilà l'art de tout dire en quelques mots. Tout cheminement personnel nécessite une ouverture d'esprit. On évite alors de rester campé sur ses positions. On questionne ses comportements et ses perceptions. On se rend compte que, pour évoluer, il faut avant tout cesser de croire que le connu est gage de sécurité intérieure. L'ouverture d'esprit est l'attitude qui amène à examiner ses croyances personnelles et les schèmes de comportements restrictifs sous un angle différent. Sans elle, on est condamné à stagner et à demeurer aveugle, en maintenant le statu quo.

L'ouverture d'esprit favorise une meilleure prise de conscience. Elle incite à voir au-delà des apparences. C'est l'attitude idéale pour dépasser la vision superficielle des événements de la vie. Elle permet d'appréhender le sens profond, de nos expériences.

Développer l'ouverture d'esprit est merveilleux car grâce à elle, on a beaucoup moins tendance à se juger soi-même et à juger les autres. Quand on a l'esprit étroit, on se laisse aveugler, par ses propres opinions même si celles-ci sont erronées. L'ouverture d'esprit permet de prendre du recul face à nos réactions et comportements. .L'esprit fermé est rigide Il ferme la porte aux prises de conscience susceptibles de le remettre en cause. L'esprit ouvert est synonyme de souplesse. Il accepte volontiers toute leçon favorable à son évolution personnelle.

En terminant, l'ouverture d'esprit facilite l'introspection, car sans jugement face à soi, c'est beaucoup facile d'entrer en relation avec le contenu de son inconscient. C'est la condition sine qua non à qui veut prendre conscience des causes profondes de ses réactions et comportements dans le but ultime d'élever la conscience. Passons maintenant au prochain outil, la foi.

La foi

Voici la définition qu'en donne le Larousse: "Confiance en quelqu'un ou quelque chose. " La foi est synonyme de confiance. Confiance en qui, en quoi, la décision appartient à chacun. Mais pourquoi ne pas avoir foi en soi-même, en sa créativité, en ses possibilités? La foi donne la force de gravir les plus hautes montagnes, avec la certitude que le soleil brille sur l'autre versant.

Nous sommes nombreux à devoir faire un effort pour réussir à avoir foi en nous. Pour y parvenir, il faut se répéter des paroles encourageantes axées sur la prise de conscience du pouvoir intrinsèque qui nous habite, des paroles qui augmentent la confiance en soi. Il faut se parler! De toute façon on entretient un dialogue continuel avec soi. Dans ce cas, pourquoi ne pas utiliser celui-ci pour améliorer son bien-être?

La foi, fait également référence à une puissance supérieure. Libre à vous d'y croire ou pas. Mais, si certains d'entre vous sont persuadés que cette puissance vit à l'intérieur de soi, elle peut être d'une grande utilité. Croire en cette grande puissance qui nous habite et s'appuyer sur elle tout au long de la vie apporte sagesse et compréhension. Elle aide à porter le fardeau quotidien et à réduire le stress inhérent aux problèmes de tous les jours. Cela a pour conséquence de libérer l'esprit et permet à la personne de prendre conscience des solutions efficaces qui mettront fin aux souffrances et aux comportements inadaptés. Essayez. Quand vous vivez une difficulté, demandez à votre force intérieure de vous aider à trouver toutes les solutions envisageables. En restant à l'écoute de soi, on constate que les réponses viennent d'elles-mêmes à travers notre centre subjectif. Cultivez la foi en votre énergie intérieure, c'est un excellent guide. Mais, à chacun d'y croire ou non.

La discipline

Voici une autre attitude fondamentale dans la de la connaissance de soi, la discipline. Mais attention: on ne peut pas se discipliner entièrement dans tous les domaines de sa vie,en s'imposant une discipline de fer. En général, on instaure la discipline dans un seul domaine à la fois.

Prenons un exemple. Vous décidez de modifier certains de vos comportements qui vous tombent sur les nerfs. Vous voyez le désordre qui règne dans votre maison. Vous constatez que vous êtes souvent en retard à vos rendez-vous ou encore vous ne tenez pas vos comptes à jour par négligence et que vous négligez le dialogue dans votre couple. Bref, votre laisser-aller général vous apparaît tout à coup évident. Du coup, vous êtes pris de panique en prenant conscience de votre manque de discipline.

Suite à ce constat, vous décidez de tout faire pour changer la situation. Vous vous imposez une discipline de fer dans tous les domaines, vous faites le ménage, vous êtes à l'heure à vos rendez-vous, vous surveillez l'arrivée de vos factures et vous vous faites un devoir de discuter avec votre conjoint à tous les jours. Au bout d'un moment, vous êtes essoufflé et avec raison. À vouloir tout régler en même temps, on risque fort d'essuyer un échec désastreux.

Il faut commencer par se discipliner dans des petites choses comme par exemple, faire le lit le matin ou ranger la vaisselle après les repas. Vous pouvez commencer la pratique de l'introspection à raison de 5 minutes par jour. Par la suite, il sera possible de vous vous imposer une discipline dans d'autres sphères de votre vie.

Il ne fait aucun doute que la discipline est essentielle à tout cheminement personnel. Sans elle, il s'avère très difficile de maintenir le cap vers le changement bénéfique. Sans le maintien d'une certaine discipline, vous abandonnerez.

L'honnêteté

L'honnêteté envers soi est primordiale si on veut vraiment entretenir une relation authentique avec soi-même. Sans elle, impossible de découvrir les causes ou les racines profondes des comportements inadaptés et des attitudes restrictives qui entravent notre évolution. Le cheminement personnel amène à explorer certaines facettes de soi dont on aimerait mieux ignorer la présence. En étant malhonnête envers soi, on risque d'en occulter quelques-unes.

Il est perturbant de prendre conscience d'une attitude paralysante ou d'un comportement inadapté. Plus les perceptions reliées aux comportements sont profondément inscrites dans l'inconscient, plus la souffrance est grande. L'honnêteté envers soi amène la prise de conscience de ce malaise intérieur. C'est un processus souvent ardu.

Mais plus on est honnête envers soi, mieux on élimine en profondeur les perceptions à caractère négatif. Être malhonnête envers soi et refouler ses souffrances intérieures ne fait que retarder la prise de conscience ce qu'il y a de bon en nous.

Prenons un exemple. Depuis un certain temps, vous n'avez aucune patience avec votre conjoint. La situation se détériore de jour en jour et votre conjoint ne comprend pas les raisons de votre conduite. Vous affirmez que vous êtes fatiguée parce que vous avec trop de boulot, que la relation avec votre patron n'est pas très bonne, que vous passez des heures interminables coincée dans le trafic. C'est pour cette raison, dites-vous, que vous souffrez de stress, que vous faites preuve d'impatience, et que tout vous tombe sur les nerfs.

En fait, vous pratiquez l'excusite. Vous vous défendez de votre conduite à l'égard de votre conjoint en l'attribuant à des problèmes reliés au travail et aux heures de pointe. Or cette situation déplorable vous fait souffrir et inconsciemment vous avez tendance à faire rejeter votre malaise sur le dos de votre conjoint pour réduire votre stress.

Afin de vous sortir de cet impasse, vous devez prendre suffisamment de recul face è votre situation. Pour y arriver, l'introspection est bien entendu la route à emprunter. Il vous faut prendre contact avec les sources de votre malaise intérieur afin d'être en mesure de mettre en lumière les facteurs provoquant votre stress. Si vous ne le faites pas, tôt ou tard vous risquez de refouler ceux-ci dans votre inconscient et cette tension refera surface sous une forme ou sous une autre.

Deuxièmement, pour être honnête avec vous-même, il faut que vous reconnaissiez le caractère néfaste de votre conduite, autant pour vous-même que pour votre conjoint

En analysant la situation, vous interprétez votre expérience de façon constructive. Vous vous apercevez que vous avez tendance à laisser votre patron vous demander trop de travail. Vous êtes incapable de lui imposer des limites. En faisant preuve d'honnêteté envers vous-même, vous prenez conscience de la vraie cause de cette incapacité. C'est parce que vous n'avez pas appris à faire respecter vos limites, et ce, depuis toujours. Vous avez de la difficulté à dire non et votre patron en profite. Bien sur, vous avez du travail à faire sur vous-même si vous voulez modifier vos comportements et apprendre à dire non. Lisez sur le sujet. Utiliser votre programme d'aide aux employés afin de rencontrer un psychologue par exemple par exemple.

Être honnête et s'accepter tel que l'on est est une chose. Mais, sans une bonne dose de courage, on peut difficilement modifier ses schèmes de comportements.

L'acceptation

Avant de changer un ou plusieurs de ses comportements, il faut se percevoir et s'accepter avec ses forces et ses faiblesses. C'est le meilleur moyen d'avoir une vision de soi authentique. Quand on s'accepte tel qu'on est, il est plus facile de procéder aux changements bénéfiques.

Nous vivons tous pour la plupart en état de conflit. La confiance s'oppose au manque de confiance, la peur de l'échec aux capacités de succès, l'acceptation de soi à la honte d'être ce qu'on est, le désir d'évoluer à celui de maintenir le statu quo. Quand on estime avoir commis une faute, la honte refait surface. La mésestime de soi entraîne l'intransigeance envers soi-même. Plus cette mésestime est profonde, plus le jugement qu'on porte sur soi est dommageable, car il est sans indulgence, sans clémence.

Si on se mésestime, on fausse son propre jugement sur sa capacité à s'épanouir personnellement. On a tous des qualités qui nous sont propres. Chacun de nous naît avec un potentiel qu'il se doit de réaliser au cours de sa vie. L'acceptation de soi permet de se percevoir tel qu'on est, sans se juger. Il faut prendre conscience de ses imperfections d'une manière constructive afin d'évoluer. Si on rejette ce qu'on est, on se dirige vers l'auto sabotage ou l'autodestruction. L'acceptation de soi permet de maintenir allumée cette petite flamme qu'est notre désir d'épanouissement personnel.

En s'acceptant tel qu'on est on cesse de se comparer aux autres. On ne peut comparer ce qui est unique. Le moule dans lequel chacun est créé est automatiquement brisé après la naissance. Chacun a une personnalité et des talents qui lui sont propres. Par conséquent, chacun vit sa vie en suivant un cheminement personnel qui lui est également le sien.

De plus, l'acceptation de soi nous amène à accueillir nos proches tels qu'ils sont. Quand on se rend compte que c'est le cheminement personnel qui importe, il devient inutile et superflu de juger les autres.

Si on a fait des erreurs par le passé ou si on adoptait des comportements inadaptés, c'est qu'on ne pouvait pas faire mieux faute de savoir faire mieux. L'acceptation de soi englobe cette réalité. Quand on découvre sa personnalité, avec son potentiel et ses déficiences, on ouvre la porte à un monde de possibilités. Il est alors possible de rechercher et trouver des outils comme des livres de croissance personnelle, des ateliers de connaissance de soi ou encore une psychothérapie au besoin.

Chacun de nous a accès à ce processus de compréhension de soi. Il est inutile d'entretenir toute sa vie une rancune contre son milieu ou sa culture. On ne peut pas changer le passé, mais on est en mesure de modifier maintenant ce qui nous plais le moins sur soi.

Le courage

Il en faut du courage pour voir ses imperfections et ses limitations. Le courage est nécessaire pour dépasser la peur de se connaître.

Prenons un exemple. Jonathan souffre de dépendance affective. Il ne peut pas vivre sans sa conjointe, mais le mauvais caractère de celle-ci l'affecte terriblement. Il se sent coupable et responsable de ces sautes d'humeur. Leur relation le rend de plus en plus mal à l'aise, mais il ne sait pas quoi faire.

Jonathan doit avant tout prendre conscience de ce que contient son centre subjectif. Pour y parvenir, il doit se regarder en toute honnêteté, donc reconnaître sa dépendance affective et en trouver la cause.

Ensuite, il devra faire preuve de courage et de détermination pour chercher les moyens qui l'aideront à changer ses comportements inadaptés. Cette démarche peut prendre beaucoup de temps. Il faut avoir le courage d'affronter jour après jour les monstres qui nous habitent.

Au fil des mois, notre ami Jonathan se sent de plus en plus malheureux. Il arrive à la conclusion qu'il ne peut plus vivre ainsi, que cette situation est trop insupportable. Il décide d'aller consulter un thérapeute spécialisé en thérapie de couple afin que celui-ci lui donne quelques trucs lui permettant de contrer les accès d'humeur de son amie de cœur. Lors de sa première rencontre, il en sort déçu car le psychologue lui suggère plutôt une rencontre avec une de ses consœurs de travail qui le rencontrerait en thérapie individuelle. Ce n'est pas ce que Jonathan avait prévu. Il ne comprend pas vraiment mais décide tout de même de se plier au jeu.

Après quelques rencontres, ce qu'il découvre, ne lui fait pas plaisir. Tout doucement, il réalise son problème de dépendance affective. Or comme qu'il décide d'être honnête envers lui-même et il reconnait son problème, une vérité qu'il s'était toujours occulté. Il préférait se percevoir comme une victime et s'apitoyer sur son sort plutôt que de faire face à la situation et prendre les décisions qui s'imposent. Son désir de changement lui donne le courage de se voir tel qu'il est, quelqu'un qui vit en fonction de la femme qu'il aime et qui se définit à travers elle.

C'est souvent difficile d'avoir le courage de s'accepter tel qu'on est. Il faut apprendre à sortir des sentiers battus, avoir le courage de percevoir les raisons inconscientes de ses comportements pour accéder à de nouveaux horizons plus vastes, où on découvrira la plénitude de son véritable moi. Le courage de se voir tel que l'on est amène une autre aptitude essentielle au cheminement: l'humilité.

L'humilité

Qu'est-ce que l'humilité. Selon le Larousse, c'est un sentiment, un état d'esprit de quelqu'un qui a conscience de ses insuffisances, et de ses faiblesses entres autres. L'humilité est aussi essentielle que le courage dans la quête de la connaissance de soi. Elle est indispensable pour observer en toute honnêteté ses propres traits de personnalité. C'est souvent un manque d'humilité qui contraint les gens à occulter leurs défauts de caractère.

Prenons un exemple. Vous contrôlez tout ce qui vous entoure, y compris les gens. Vos proches subissent vos ordres sans avoir le droit de contester. Votre famille n'a rien d'un système démocratique. L'opinion des autres, si elle ne reflète pas la vôtre, n'a aucune valeur à vos yeux. Cependant, vous prenez parfois conscience d'un certain malaise intérieur, dont vous semblez ignorer la provenance. Un jour, au cours d'une dispute, quelqu'un vous dit que personne ne veut être votre ami parce que vous voulez toujours avoir raison et que vous chercher à tout contrôler tout le temps.

Vous commencez par refuser catégoriquement ce reproche. Vous niez la réalité. Vous ne vous percevez pas comme quelqu'un de si intransigeant. Si vous vous sentez obligé de tout surveiller, c'est parce que vous considérez que la plupart des gens qui vous entourent sont incapables de se débrouiller sans votre "prévoyance". Vous vous croyez irremplaçable. Sans votre bienveillance, la Terre s'arrêterait de tourner.

Mais, de temps à autre, vous avez des éclairs de conscience. Durant ces courtes périodes, vous réalisez que vous laissez effectivement peu de place à l'expression aux gens qui vous entourent. Bien entendu, vous n'aimez pas cette perception de vous. Vous avez le choix, soit, vous vous empressez de refouler cette image, soit vous prenez le temps de vous regarder face à face. Et oui, vous n'êtes pas la personne aussi parfaite que vous le croyiez.

Si vous optez pour la voie de la connaissance de soi, vous avez du travail à faire. Le besoin de contrôler son environnement peu être en lien avec un manque de sécurité. Il faut découvrir ce qui ce cache derrière cette attitude.

Un autre trait caractéristique du manque d'humilité, c'est l'attitude de pseudo supériorité que certaines personnes affichent quand, grâce au travail sur soi, elles ont réussi à modifier certains comportements. Elles estiment avoir maintenant le droit de dicter aux autres leur perception du cheminement personnel et elles se permettent de les critiquer ouvertement s'ils ne s'y conforment pas. Inutile de préciser que ce comportement n'est qu'une forme de contrôle.

Entreprendre un cheminement personnel est une grande preuve d'amour qu'on se donne. Le plus important, c'est qu'il demeure personnel et se fasse à votre rythme. Ce n'est pas une course contre la montre. Il suffit de faire preuve d'assiduité dans la relation à soi et de pratiquer quotidiennement l'introspection. On se rend compte que celle-ci et le dialogue intérieur qui lui est intimement lié, mènent l'épanouissement personnel. De plus en prenant de son temps chaque jour afin d'établir et de maintenir cette relation privilégié à soi, on développe inévitablement sa créativité à trouver des solutions.

Mais nous devons faire consciemment des efforts pour changer. N'oublions jamais qu'un tableau mental négatif peut être en place depuis fort longtemps et qu'on ne pourra pas l'éliminer en une seule journée. Examinons maintenant une autre attitude importante et indispensable dans la poursuite de la connaissance de soi: l'équilibre.

L'équilibre

La paix intérieure est une question d'équilibre. Pour amorcer ce sujet, prenons l'exemple d'un guide alimentaire. Selon les spécialistes, un repas équilibré contient des protéines comme la viande ou des légumineuses, des légumes ou des fruits ainsi que des céréales et des produits laitiers. L'équilibre alimentaire aide à se maintenir en bonne santé.

De plus, pour le bien du système nerveux, il est conseillé de diversifier les activités quotidiennes. Il vaut mieux éviter l'excès de travail et prendre le temps de se reposer. Un cycle équilibré travail, loisir, sommeil, permet de décrocher de ses obligations et de refaire le plein d'énergie, de prendre le temps de se centrer sur soi, de s'apprivoiser.

Pourquoi l'équilibre est-il si essentiel? Et bien parce qu'il procure une certaine stabilité intérieure nécessaire à l'adoption d'attitudes favorables à l'épanouissement personnel. Une barque qui tangue d'avant en arrière illustre bien ce qu'est le déséquilibre. Avant de commencer à ramer, il faut stabiliser le bateau. Quand on a atteint l'équilibre, on peut ramer et maintenir le cap. C'est le même principe pour nous. On a besoin de trouver l'équilibre dans toutes les sphères de notre vie pour entreprendre notre cheminement personnel sans jamais perdre de vue nos objectifs.

Entretenir ces aptitudes apporte un bien-être intérieur peu commun, facilement associable aux changements bénéfiques. En effet n'est-ce pas une sensation merveilleuse que de se coucher le soir en sachant qu'on a donné le maximum de soi-même pour soi-même?

Malgré l'application de ces attitudes il arrive que l'on éprouve tout de même de la difficulté à rester concentré sur nos objectifs. Pourquoi est-ce ainsi? Les réponses à plusieurs questions seront analysée au cours du prochain chapitre.

Chapitre 4
L'estime de soi et la confiance en soi

Dans ce chapitre, il sera question de la confiance en soi, de l'estime de soi et de la résistance au changement ou l'anxiété attribuable à la peur de l'inconnu. Pour commencer, je mettrai en lumière quelques signes de manque de confiance en soi et d'estime personnelle. Cet exercice a pour but de vous permettre de faire le point, de voir s'ils sont présents chez vous et si oui à quel degré le sont-ils. Par la suite, je m'attarderai quelques instants sur un concept important, l'espace intime. Puis j'attirerai votre attention sur les valeurs et leur importance dans tout cheminement personnel. Y sera proposé également, quelques outils très utiles à qui veut améliorer sa confiance en soi et par ricochet, l'estime personnelle. Et pour terminer, nous analyserons un processus commun à la majorité des gens: la résistance au changement et l'anxiété causées par la peur de l'inconnu.

On peut comparer la confiance en soi et l'estime personnelle à un moteur de voiture. Comme vous le savez sans doute, les moteurs dont pas tous la même puissance, cela dépend de leur nombre de cylindres. Une voiture qui détient huit cylindres sous le capot dépasse aisément un camion remorque même lorsqu'elle est engagée dans une côte, alors que le dépassement est relativement plus ardu avec une voiture à quatre cylindres.

Le degré de confiance en soi et d'estime personnelle est comparable à la puissance du moteur. Il est différent pour chacun de nous. Ceux qui les possèdent peuvent cheminer sans peine et aller de l'avant dans leurs projets, car la confiance en leurs capacités intrinsèques les propulsent là où ils veulent aller. Ils misent sur leur capacité de succès, et ils foncent.

Par contre, les individus dont la confiance en soi est déficiente ont peine à atteindre leurs buts. Ils sont obligés de fournir un maximum d'efforts, et souvent, les résultats sont peu probants

Or, ce manque de confiance est relié à des perceptions comme: Je suis incapable, c'est trop difficile, ou bien, je n'ai pas la force nécessaire pour atteindre le but que je me suis fixé, ou encore, c'est trop difficile de changer, je ne suis pas capable. Souvent, ils se replient sur l'excusite ou la victimisation. De plus, ils peuvent ressentir une grande appréhension face à certaines expériences de la vie. Ils paralysent quand vient le temps d'agir. Ils leur est extrêmement difficile d'établir une connexion régulière avec eux-mêmes afin de trouver des solutions efficaces. Cette absence de solution conduit à l'insécurité puis à une profonde anxiété. C'est le cercle vicieux du manque de confiance en soi qui mène à l'anxiété paralysante qui elle se traduit par une insécurité qui elle ramène au premier plan le manque de confiance. Que d'énergie utilisée dans ce cas.

La confiance en soi est la pierre angulaire du cheminement personnel, car sans elle, aussi minime soit-elle, on ne peut espérer croître intérieurement. Sans confiance en soi, on a tendance à fixer son attention sur des causes extrinsèques au lieu de se centrer sur soi et d'être à l'écoute de ses propres perceptions, de ses propres besoins.

La confiance en soi et l'estime personnelle déterminent nos succès comme nos échecs. Pourquoi? Au plus profond de nous-mêmes, le manque de confiance nous amène à croire que nous n'avons tout simplement peu ou pas de chance de réussite.

Cette confiance en soi permet de tenir bon pendant la tempête. Elle procure un sentiment de stabilité intérieure, même au cours des épreuves. Il faut cultiver sa confiance en soi comme on cultive un jardin. C'est essentiel de croire qu'elle existe même en vous malgré toutes les expériences négatives qui semblent prouver le contraire. Autrement dit, c'est un acte de foi!

Attardons-nous maintenant sur quelques signes révélateurs du manque de confiance en soi et/ou du manque d'estime de soi. Soyez attentifs à cette lecture, car elle a pour but de vous permettre de faire le point sur vous-mêmes. Pour les besoins de l'exercice, aucune distinction ne sera effectuée entre le manque de confiance en soi et le manque d'estime personnelle, pour la simple et bonne raison qu'ils vont de pair. Si on a confiance en soi, on a de l'estime pour soi, car on sait ce qu'on vaut. Et vice versa, si on s'estime, on a confiance en soi car on connaît sa valeur personnelle.

Quelques signes de manque de confiance en soi

Étudions maintenant quelques-uns de ces mécanismes pour mieux comprendre à quel point le manque de confiance en soi peut devenir une source de souffrances. Nous commencerons par la jalousie.

La jalousie

La jalousie apparaît souvent sous deux formes: celle éprouvée envers les autres et celle ressentie face l'être aimé. La première forme de jalousie pousse à juger sévèrement allant jusqu'à discréditer les gens qui ont du succès voire à se réjouir du malheur des autres. En paroles elle se traduit par: "Je te l'avais bien dit que tu échouerais dans ton entreprise, elle était insensée" ou "C'est bien fait pour elle, elle méritait de perdre son emploi. "

La jalousie envers la personne aimée se traduit par des comportements aux travers desquels transparait la méfiance La personne jalouse craint continuellement que l'autre fasse preuve de manque de respect qui est la plupart du temps sans fondement. Elle est suspicieuse. Certaines peuvent même souffrir d'une jalousie extrême allant jusqu'à adopter des comportements violents. Elles voient le mal partout. C'est le reflet manifeste d'un manque de confiance en soi. La jalousie leur procure un sentiment de puissance illusoire.

En fait, la jalousie sert à pallier le manque de confiance. Voyons maintenant un autre signe de manque de confiance qui peut être associé à la jalousie: le besoin de contrôler son environnement.

Le besoin de contrôler

Ce besoin de contrôler pousse la personne à vouloir exercer son pouvoir sur son entourage et sur les événements. J'en ai donné un exemple précédemment. Les gens qui ont besoin de contrôler veulent savoir tout ce qui se passe. Ils tentent sans cesse d'orienter les autres dans la direction qu'ils désirent. Ils surveillent continuellement les sorties de leur conjoint et de leurs enfants. C'est un besoin qui se manifeste souvent d'une manière très subtile. Par exemple, ils prétextent l'amour pour contrôler les faits et gestes des gens qui les entourent. Ils peuvent aller jusqu'à manipuler les leurs avec des bonnes paroles telles que: C'est parce que je t'aime et je ne voudrais surtout pas qu'il t'arrive quelque chose!

Cet exercice du pouvoir leur donne un sentiment de force ou de puissance qui leur procure une illusion de confiance en soi. Inconsciemment, ces personnes ont peut-être peur de découvrir la petitesse de leur valeur personnelle et elles préfèrent continuer à exercer un pouvoir chimérique. Analysons un autre signe de défense attribuable au manque de confiance en soi: le perfectionnisme.

Le perfectionnisme

Le perfectionniste est un être qui n'est jamais satisfait des résultats qu'il atteint. Ses standards de réussite sont généralement tellement élevés qu'il n'y accède pratiquement jamais. Par conséquent, il souffre d'un stress continuel. Il est sans cesse sur le qui-vive car il doit absolument réussir tout ce qu'il entreprend, une réussite qu'il veut sans faille naturellement. Quand il n'atteint pas la perfection, sa définition de la perfection, il se juge très sévèrement

Il existe une différence entre faire tout à la perfection et donner le meilleur de soi-même. Agir en donnant le meilleur de soi-même ne signifie pas qu'on atteindra la perfection. Mais cela procure un sentiment de bien-être intérieur, de plénitude et d'estime personnelle car ces émotions prennent racine dans le sentiment d'avoir donné son 100%.Autrement dit,il faut fournir le maximum d'efforts et non pas chercher à atteindre la perfection.

Le perfectionniste a souvent tendance à exiger le même comportement de son conjoint et de ses enfants ou de ses collègues de travail. Pour qu'il soit content, il faut que tout soit parfait selon ses critères à lui. Et comme la perfection est très rare et que l'erreur est humaine, ses proches vivent dans l'angoisse de ne pas être conformes aux attentes du perfectionniste. Jetons un bref coup d'œil à un autre comportement qui indique souvent un manque de confiance en soi: la critique négative.

La critique négative

Pas besoin d'écrire une multitude de pages sur ce sujet. On connait pratiquement tous quelqu'un qui se croit tellement parfait qu'il ne fait que critiquer les autres dans toutes leurs actions. Un grand nombre de ceux qui s'adonnent à la critique négative s'imaginent qu'ils ont toujours raison. C'est leur façon de se définir en tant qu'individu. Si on remet en cause leur jugement, ils ont l'impression qu'on remet en cause les fondements de leur personnalité et c'est très angoissant pour eux. Pour diminuer cette anxiété, ils préfèrent croire que les autres se trompent, qu'eux seuls détiennent la vérité.

Se définir à travers les autres

Pour pallier au manque de confiance en soi, certains se définissent selon ce que les autres pensent d'eux et acceptent la plupart des critiques qui leur sont adressées sans même pratiquer l'introspection pour vérifier leur véracité. Quand ils sont jugés négativement par un proche, ils se remettent en question au plus profond d'eux-mêmes.

Souvent, ils craignent d'émettre des opinions personnelles. Ils ont tellement peur de déplaire qu'ils s'obligent même à taire leurs propres convictions, leurs valeurs etc. Ils préfèrent accepter celles des autres que d'exprimer les leurs. Pourquoi? Par peur de s'affirmer, d'exprimer leurs opinions, leurs idées de peur d'être catégorisés et rejetés par leurs proches. Ils préfèrent se taire parce qu'ils ont peur de perdre l'amitié ou l'amour de ceux-ci s'ils expriment leur désaccord.

En fait, toute divergence remet en cause leur propre personnalité, leur moi. Ils ont la ferme conviction que leurs idées ne sont pas valables en comparaisons de celles de leur interlocuteur. Ils croient les opinions et les idées des autres supérieures aux leurs. Un tel comportement est la preuve évidente d'un manque de confiance en soi.

Certains vont même jusqu'à se sentir responsables des sautes d'humeur de leurs proches. Si leur conjoint se lève de mauvaise humeur par exemple, ils ont tendance à penser que c'est de leur faute et par conséquent, ressentent de la culpabilité.

Le manque de confiance en soi peut aussi entraîner chez certains une dépendance à l'alcool ou à la drogue. C'est une façon de se valoriser. Sous l'effet d'un psychotrope, ils reprennent confiance, mais c'est un leurre puisque cette confiance dépend d'une substance chimique. Dès que l' effet disparaît, ils ressentent le vide intérieur, leur manque de confiance en soi. Inconsciemment, ils recherchent alors l'effet du psychotrope pour masquer ce manque. Et c'est ainsi que tant de gens tombent dans le cycle de la dépendance.

Comme nous l'avons vu au début, cette liste n'est pas exhaustive. Ce n'est qu'une piste. Il existe d'autres indices, comme la tendance à régler ses conflits par la violence, à se comporter en bourreau de travail, etc.

Il faut s'efforcer de regarder en soi pour analyser en profondeur ses comportements. Nous venons de décrire des conduites extrêmes. Mais, si vous vous êtes de serait-ce que partiellement reconnu dans l'un ou l'autre de ces exemples, vous savez maintenant combien il est important d'établir un dialogue intérieur pour trouver les causes inconscientes de vos comportements. La plupart d'entre nous souffrirons à divers degrés du manque de confiance en soi. Rares sont ceux et celles qui démontrent une confiance en soi inébranlable. Mais on a le pouvoir de modifier sa nature, d'améliorer son estime personnelle et sa confiance en soi pour atteindre l'épanouissement personnel tant souhaité.

Il faut s'accepter tel qu'on est aujourd'hui, s'accueillir comme un vieil ami qui serait venu nous voir pour recevoir de l'amour et de la compassion. Il faut éprouver de l'amour, de la compassion et de la compréhension pour soi. Le pardon est l'étincelle qui vous propulsera vers les hautes sphères de la confiance en soi et de l'estime personnelle.

Le cheminement personnel est un processus qui s'étale sur plusieurs années. En effet, la connaissance de soi fait découvrir autant nos forces, nos faiblesses et bien entendu, nos manques affectifs. À la lumière de ce qui a été exposé depuis le début de ce livre, nous arrivons maintenant à l'étape de la reconstruction de soi en fonction de notre véritable personnalité, l'introspection étant le chemin d'accès à soi. Afin de parvenir à cette découverte de soi, nous devons créer à l'intérieur de soi un espace de discussion et de réflexion avec soi, face à soi que j'appellerai l'espace intime.

L'espace intime

Ce que je dénomme l'espace intime peut être comparé à une cour intérieure protégée des regards indiscrets. Nous y accédons par l'introspection. Nous sommes les seuls à pouvoir accéder à cet espace intime qui nous appartient de droit. Comme notre cour intérieure, il faut avant tout comprendre qu'il doit être protégé et maintenu à l'abri des influences extérieures nuisibles.

Afin d'en saisir le sens,, nous emploierons une métaphore: la clôture.

La clôture

Les premières clôtures datent du début du Moyen Âge. Savez-vous pourquoi elles ont été créées? D'abord pour protéger les jardins et les animaux mis au pâturage des prédateurs. Par ailleurs, en plus de sa fonction de protection, elles permettaient de délimiter les pâturages, donc de savoir à qui appartenait les animaux domestiques y circulant.

Les clôtures ont fini par être associées à une notion fondamentale dans le monde occidental: la propriété privée. En effet, ce que je clôture m'appartient, ce sont mes terres. Les clôtures servent donc à protéger nos biens et notre espace. Poursuivons la comparaison avec l'espace intime.

L'espace intime est une aire intérieure dans laquelle nous entreposons nos valeurs, nos idéaux, nos opinions, etc. Lorsque la confiance en soi et l'estime de soi sont déficientes, cet espace est mal délimité et mal protégé. Les influences provenant de l'environnement pénètrent sans discrimination. Par conséquent, les idées, les valeurs qui s'y logent ne correspondent peut-être pas tout à fait à la personnalité propre. C'est pourquoi il est si important de délimiter son espace intime et de le protéger des influences extérieures négatives qui troublent l'harmonie intérieure.

Reprenons notre comparaison pour saisir combien il est important de protéger cet espace intime. Si vous possédez un terrain non clôturé et que vous vous apercevez que des gens viennent y déposer des ordures, que faites-vous? Vous le clôturez et vous mettez un cadenas sur la barrière afin que personne ne pénètre sans votre permission. Par conséquent, vous interdisez l'entrée aux envahisseurs. Vous pourrez vous balader sur votre terrain et même y construire un beau chalet sans vous retrouver au milieu de détritus qui ne vous appartiennent pas. De plus, parce que vous protégez votre propriété, vous allez y inviter uniquement ceux dont vous appréciez la compagnie. C'est le même principe pour votre espace intime. Vous devez en limiter l'accès et ne laisser pénétrer que les influences qui sont en accord avec vos valeurs.

Quand on restreint l'accès à l'espace intime, l'objectif premier, c'est de protéger son authenticité. Cela permet aussi de se retrouver chez soi, même si l'orage gronde dehors. Les influences négatives ne sont pas déstabilisantes, car on connaît sa véritable personnalité quand nous sommes authentiques. C'est quelque chose que personne ne peut nous enlever.

Cependant, connaître son espace intime ne signifie pas qu'on se coupe des autres. Au contraire, cela veut dire, je respecte ma propre personnalité donc je respecte celle des autres et je ne cherche pas à pénétrer dans leur espace intime sans y être invité.

Tout cheminement personnel demande qu'on définisse son espace intime par la pratique de l'introspection et en répondant aux questions qu'elle fait naître. Délimiter cet espace intérieur permet d'améliorer considérablement son estime personnelle et sa confiance en soi. On découvre ses forces, ses faiblesses, ses croyances, ses valeurs, ses talents et sa créativité. C'est là un des plus beaux cadeaux qu'on puisse s'offrir.

De plus, prendre le temps qu'il faut pour se définir met fin à l'éternelle remise en question et recherche de qui nous sommes réellement. On ne se définit plus à travers les autres, on connaît sa vraie personnalité. N'est-ce pas merveilleux? Bien sûr, comme toute recherche intérieure, cela provoque certaines peurs. Il ne faut pas oublier que c'est avant tout la peur de se connaitre qui empêche l'épanouissement personnel. De plus, c'est un processus continu qui s'étale tout au long de la vie car l'évolution par définition n'est pas statique. L'ordre des valeurs établies aujourd'hui peut être différent plus tard. C'est le principe même de l'évolution

Attardons-nous maintenant sur la définition du contenu de notre espace intime. Commençons par son fondement, la définition de ses propres valeurs. Avec les croyances, elles sont la pierre angulaire de la personnalité.

Les valeurs

Vous savez maintenant que ce qui nous définit en tant qu'individu est bâti en fonction des valeurs intégrées par la socialisation. Tout comme les croyances, leurs proches parentes, elles servent de système de référence. C'est par celles-ci qu'on se définit en déterminant ce qu'on aime, ses idéaux, ses priorités, etc.

On doit choisir ses valeurs par l'introspection. On doit prendre le temps de les sélectionner soi-même, puisqu'elles font partie inhérente de la personnalité. Pour y parvenir, il faut se questionner sincèrement sur celles qui nous habitent déjà afin de vérifier si elles correspondent bien à un choix personnel ou si elles ne sont pas uniquement attribuables à une influence extérieure, comme la culture, la famille, etc.

Si les valeurs qu'on considère prioritaires nous ont été imposées par le biais de l'éducation, sans questionnement de notre part, notre espace intime sera déterminé par les croyances et les valeurs propres à l'éducation que l'on a reçue, qui à son tour est le produit de la culture environnante.

Par exemple, on a pu vous enseigner qu'un statut social élevé était une valeur fondamentale. Puis, grâce à l'introspection, vous vous êtes rendu compte que cette valeur n'est pas primordiale dans votre système de référence personnel. Pour vous, ce qui importe, c'est la qualité de la relation que vous entretenez avec vous-même et avec les autres quel que soit le statut social car à vos yeux, aucune corrélation n'existe entre le statut social et la richesse d'une relation interpersonnelle. Vous recherchez donc la compagnie de gens qui accordent de l'importance aux relations humaines.

Définir ses propres valeurs permet d'assurer les fondations de sa véritable personnalité et par le fait même affermir sa confiance en soi. Si les gens que vous côtoyez au travail par exemple n'ont pas les mêmes valeurs, cela n'a pas d'impact négatif. Vous ne vous sentirez pas rejeté parce que les autres ont une vision différente. En acceptant qui vous êtes véritablement, vous acceptez les autres tels qu'ils sont sans pour autant être dans l'obligation de s'en faire des amis.

Pour reprendre l'exemple précédent, si la qualité des relations interpersonnelles fait partie de vos valeurs vous ne vous sentirez pas rejeté par vous proches, même si celle-ci ne correspond pas à la socialisation reçue dans votre milieu familial. Vous allez respecter leurs choix et vous exigerez qu'ils respectent le vôtre. Vous ne serez pas perturbé car vous êtes en accord avec vos choix personnels.

Il faut cependant préciser que les valeurs inculquées par notre milieu familial ne sont pas nécessairement mauvaises. Au contraire, certaines peuvent être en accord avec votre personnalité. Par conséquent, il ne faut pas toutes les rejeter sous prétexte de ne pas les avoir choisies consciemment. Il faut d'abord y réfléchir, grâce à l'introspection, et conserver celles qui nous conviennent.

Pour résumer, définir son échelle des valeurs est un des moyens les plus efficaces à qui veut 'améliorer sa confiance en soi. Pour établir vos propres valeurs, recueillez-vous dans un endroit paisible, loin de tout dérangement. Détendez-vous et interrogez-vous sur celles qui vous habitent présentement. Laissez votre centre subjectif répondre à vos questions. Il vous faudra sans doute répéter l'exercice plusieurs fois pour trouver vos vraies valeurs. N'oubliez jamais que c'est un processus. Écrivez ensuite vos réponses par ordre de priorité. Ce choix n'appartient qu'à vous, il est donc inutile d'établir des comparaisons. Vous êtes quelqu'un d'unique et vous possédez votre propre système de valeurs.

Voici sept critères fondamentaux pour établir avec précision vos véritables valeurs, ils sont tirés d'un livre de Sidney Simon, Leland Howe et Howard Kirschebaum (1989) s'intitulant: À la rencontre de soi-même, 80 expériences de développement des valeurs.

1 Une valeur doit être choisie;

2 On doit l'avoir choisie parmi d'autres solutions de rechange;

3 On doit connaître les conséquences de son choix;

4 Une fois qu'on l'a choisie, on doit lui accorder de l'importance et la cultiver;

5 On doit être prêt à proclamer publiquement cette valeur;

6 On doit vivre en se conformant à cette valeur;

7 On doit s'y conformer souvent et régulièrement.

Voici maintenant quelques exemples de valeurs tirés de l'échelle de Rokeach: l'égalité (fraternité, chance égale pour tous), la sécurité familiale, le respect de soi (estime de soi), le courage, l'imagination (créativité), la politesse, la responsabilité, la logique.

Il est impératif de prendre conscience de ses valeurs si on veut éventuellement les choisir librement. On doit les définir avec beaucoup de sérieux et pratiquer l'introspection en toute honnêteté. Puis il faut assumer son choix.

Tel que mentionné précédemment, les valeurs changent au cours du cheminement personnel. Pour continuer d'évoluer, il est tout à fait naturel d'avoir à les modifier. Les valeurs d'aujourd'hui ne seront peut-être plus les mêmes dans un ou deux ans. En fait, leur ordre change. Par exemple, vous aviez donné la priorité à la sécurité familiale, mais après quelques années de cheminement, vous vous apercevez que l'authenticité, qui figurait avant en troisième position, vous semble maintenant plus importante

Si l'espace intime est défini et protégé, on pourra soit modifier l'ordre de certaines de nos valeurs ou bien en incorporer de nouvelles sans remettre en cause toute sa personnalité. C'est comme changer la disposition des meubles dans une maison. Les fondations et la structure restent bien en place.

Prendre conscience de ses propres valeurs permet de se sentir comme une personne à part entière. Quand la personnalité repose sur des valeurs choisies consciemment on devient quelqu'un d'authentique.

J'aimerais à présent vous proposer une marche à suivre qui, je l'espère, vous sera très utile dans votre recherche. Il s'agit en fait d'une synthèse de ce qui a été discuté jusqu'à présent dans ce livre. Bien sur il ne s'agit pas d'une formule magique grâce à laquelle on peut tout résoudre. Certains de ces outils peuvent beaucoup vous aider et d'autres moins. À vous d'y voir.

Quelques outils pour améliorer l'estime personnelle et la confiance en soi

1 Avant tout, définir ses valeurs, ses croyances et ses idéaux.

2 Assumer ses réactions relativement aux expériences de la vie.

3 S'accepter tel qu'on est aujourd'hui. Ne jamais se dénigrer. Il est très néfaste de se rabaisser à ses propres yeux. C'est un piège qui retarde le cheminement. Se sous-estimer, c'est fermer la porte à sa créativité, à ses talents, et nier ce qu'il y a de meilleur en soi. C'est un comportement limitatif qui impose des chaînes blessantes et inutiles. Il faut apprendre à se percevoir comme un être de grande valeur. En plus de s'accepter, il faut être son meilleur ami et agir avec soi comme on le ferait avec un ami très cher. Se consoler quand on éprouve de la peine, s'encourager quand on vit une période difficile, se réconforter quand on a peur.

4 Ne jamais rejeter son identité, son moi. C'est le sentiment d'être une personne à part entière qui procure des bases solides. C'est comme les fondations et la structure d'une maison. Si elles sont solides, la maison ne s'effondrera pas, même si elle est soumise à de fortes secousses. Le sens de sa propre identité procure une force tranquille en cas d'adversité.

Quand on perd le sens de son identité, on ressent un grand vide intérieur, car la structure même de la personnalité n'existe plus. On se sent terriblement seul et démuni. Rien ni personne ne peut combler ce vide. C'est à nous de le combler. Une des pires façons de perdre son identité, c'est de vouloir plaire à tout le monde et de modifier sa personnalité pour ne pas contrarier les gens. Ce comportement de caméléon altère l'image qu'on se fait de soi-même. La perte de l'identité est à l'opposé de l'authenticité. De plus, c'est un manque de respect envers soi. Un comportement de caméléon montre qu'on ne respecte pas sa véritable nature, qu'on ne s'accepte pas tel qu'on est. C'est un moyen de se fuir soi-même.

Préserver son identité c'est se responsabiliser face à soi-même .Cela procure un sentiment de plénitude. Il est important de savoir que, même si on vit toutes sortes d'expériences douloureuses, personne ne peut nous enlever notre créativité, nos talents, notre force, notre dignité, bref qui nous sommes profondément. Il ne faut jamais oublier cela.

5 Penser du bien de soi, c'est ce qui permet d'accéder ou non à sa créativité, et donc de s'épanouir pleinement ou non. Si on se voit comme quelqu'un d'incapable de réussir sa vie, sans la force de caractère nécessaire pour atteindre ses buts, on canalise son énergie dans ce sens. Cette perception nous empêche d'accéder à nos forces, à nos qualités et à nos talents.

6 Mettre fin aux appréhensions face aux impondérables de la vie. Arrêtons de s'en faire pour tout et pour rien. C'est incroyable l'énergie qu'on dépense à se faire du souci ou à se prendre pour une victime.

Quand on a peur, on est tourné vers les problèmes et non vers les solutions. L'inquiétude nous fait réagir au lieu d'agir. Cela bloque l'accès à la créativité, alors que celle-ci est indispensable à la résolution de problèmes.

Prenons un exemple. Vous avez eu un différend avec votre meilleure amie. Le soir, dans votre lit vous réfléchissez à la situation. Vous vous demandez si votre amitié survivra à ce conflit et comment votre relation a pu se détériorer de la sorte. Vous êtes inquiète et frustrée. Peu à peu, votre inquiétude se transforme en stress et vous passez une nuit blanche. Le lendemain, votre journée se passe mal. Vous êtes impatiente, fatiguée, préoccupée et vous n'arrivez pas à vous concentrer sur votre travail. Vous êtes obnubilée par cet événement.

Dans votre dialogue intérieur, vous commencez par jeter le blâme sur le dos de votre amie: "Après tout c'est de sa faute si la situation s'est détériorée entre nous. Si elle veut me revoir, elle n'a qu'à me téléphoner, ce n'est pas à moi de faire le premier pas. " Vous réagissez, vous attribuez tous les torts à votre amie, et vous n'entrevoyez aucune solution.

Reprenons la même situation avec une perspective différente. Vous décidez de pratiquer l'introspection pour prendre conscience des perceptions de votre centre subjectif. Comme vous êtes honnête avec vous-même, vous vous rendez compte que votre frustration cache la peine occasionnée par votre dispute. Vous réalisez que cette divergence d'opinion n'est pas suffisante pour mettre un terme à votre amitié. Vous savez aussi que tous les torts ne sont pas de son côté ni du vôtre mais que cette querelle a été alimentée par vous deux.

Alors, vous passez à l'action, vous téléphonez à votre amie pour lui dire que cette dispute vous cause de la peine. Vous lui faites part de votre sentiment réel et non pas de la frustration qui s'est d'abord manifestée. Grâce au dialogue, vous réussissez à vous réconcilier. De retour dans votre lit, vous ressentez un calme intérieur et vous passez une excellente nuit.

Passer à l'action au lieu de canaliser son énergie à se percevoir comme victime ou à rejeter la faute sur l'autre fait toute la différence. C'est la voie de l'évolution.

7 Avoir le désir sincère d'apprendre à se connaitre. C'est très passionnant, car plus on découvre sa personnalité et sa spiritualité, plus on a envie de poursuivre dans cette voie.

8 Cultiver son sens de l'humour. Un bon sens de l'humour permet de ne pas se prendre trop au sérieux. Il faut savoir prendre la vie avec humour, abandonner le tragique au profit du comique. Le rire est excellent pour chasser le stress et la mauvaise humeur.

9 Surveiller sa consommation de médicaments ou d'alcool. Il est très important de savoir quelle relation on entretient avec ces substances. Si on en absorbe plus en cas de stress, de chagrins ou de problèmes? Si vous avez recours à un psychotrope pour pallier le stress ou la peur que vous cause une expérience, vous serez incapable de prendre conscience des émotions qui se cachent derrière ceux-ci. De plus, il ne faut pas négliger le risque d'entretenir une dépendance. Ces substances ne sont que des solutions extérieures. Elles peuvent avoir un effet bénéfique sur le symptôme, comme l'insomnie par exemple, mais elles ne règlent pas la cause.

Il existe d'autres échappatoires, ou expédients, qui voilent les prises de conscience, comme la télévision, les jeux vidéo, Internet, les téléphones intelligents etc. Pendant qu'on fixe son attention sur ces distractions, on ne se consacre pas à soi. Quelques heures de ce genre de divertissements par semaine ne sont pas néfastes. Mais y consacrer trop de temps, c'est aussi diminuer le temps que l'on consacre à son évolution.

On doit se rendre compte que la télévision par exemple fait vivre des émotions par procuration. Regarder trop de téléromans conduit non pas à ressentir ses propres émotions en fonction de son vécu, mais plutôt à percevoir les émotions des personnages fictifs. Pendant qu'on les regarde, on vit la vie des personnages et on apprend à les connaître mieux que soi-même.

Comme la télévision nous submerge de téléromans, après-midi et soir, c'est un des palliatifs les plus courants de la société occidentale moderne. La télévision transmet des messages captés par l'inconscient. Quand on passe son temps à regarder des films où les conflits se règlent par la violence, on finit par banaliser la violence.

De plus, la télévision est l'outil de propagande par excellence, elle nous submerge de publicités plus ou moins honnêtes qui influencent nos choix.

Je pense que tout ceci (télévision, jeux vidéo, Internet) peut créer une dépendance au même titre que l'alcool ou la drogue. Si on consacre la majorité de ses soirées à l'une ou l'autre de ces distractions, on se laisse absorber par des stimuli extérieurs. On s'évade. On interrompt le dialogue. C'est une façon de se fuir soi-même. Cette fuite signifie qu'on met en veilleuse la relation authentique avec soi.

Le danger de la télévision, c'est qu'elle crée une dépendance socialement acceptée. On ne vous dira jamais que vous souffrez d'un problème de dépendance à la télévision. Au contraire, on a tendance à penser que c'est une bonne soupape.

Il n'est pas nécessaire de se priver de la télévision ou de ses téléromans préférés, mais un choix s'impose. Notez les émissions que vous regardez ainsi que le nombre d'heures que vous y consacrez pour prendre conscience du temps que vous passez chaque semaine assis devant votre téléviseur. Puis décidez quelles sont les émissions que vous continuerez de regarder, afin de trouver un équilibre entre vos divertissements et votre cheminement.

10 Surveiller les paroles qui sortent de votre bouche. Elles sont le reflet du contenu de votre centre subjectif. Il faut apprendre à donner aux choses ou aux sentiments les caractéristiques qu'ils reflètent vraiment.

11 Améliorer votre culture personnelle. C'est un moyen efficace d'acquérir plus de confiance en soi. Se cultiver ne coûte pas une fortune. On peut devenir membre d'une bibliothèque municipale à un coût minime ou encore s'abonner à la lecture électronique et choisir des lectures qui traitent de toutes sortes de sujets comme l'histoire, l'anthropologie, la politique, la musique, le jardinage, la menuiserie, la géographie, etc. Écouter des musiques auxquelles on n'est pas habitué ouvre également l'esprit. Vous n'êtes pas obligé d'aimer tout mais vous saurez ce que vous aimez ou pas. De plus, vous découvrirez des goûts que vous ne soupçonniez pas.

Vous pouvez aussi suivre des cours. Ceux qu'offrent les municipalités sont généralement et de bonne qualité. Vous serez agréablement surpris par l'éventail mis à votre disposition. Vous pouvez aussi faire des études. L'âge importe peu quand il s'agit de s'instruire. Certains reprennent les études à 30, 40 ou 50 ans pour obtenir un diplôme. Jai rencontré des personnes de 50 ans et plus sur les bancs de l'université. La formation garde le cerveau alerte. Il faut aussi s'occuper de son bien-être physique et faire de l'exercice et opter pour une saine alimentation.

Il faut développer et entretenir sa capacité de réussir en mettant en pratiques ces simples règles. Avec le temps, on se rend compte que l'on a davantage confiance en ses talents et en ses forces, et moins peur de trouver des monstres cachés dans les recoins de son inconscient.

En résumé, il vous faut prendre conscience des comportements causés par le manque de confiance en soi et d'estime personnelle et les modifier en comblant ce manque grâce aux outils qui sont à votre disposition. Vous devez délimiter votre espace intime, car il est un élément important de votre cheminement personnel. Pour y parvenir, vous devez définir vos propres valeurs. Vous pourrez ainsi découvrir votre personnalité authentique, accéder à votre vrai moi et l'améliorer.

Chapitre 5
Les buts

Ce chapitre est en grande partie consacré à l'importance de se définir des buts ou des objectifs personnels. Ces deux termes étant relativement synonymes pour les besoins de l'exercice. Premièrement, je décrierai une marche à suivre facilitant leur élaboration un peu comme une recette dans laquelle les ingrédients de bases doivent être présents mais qui laisse place à une certaine créativité de votre part.

Je présenterai également des techniques de base essentielles au cheminement, et d'autres petits trucs, pour vous permettre de réaliser vos objectifs par la visite quotidienne de votre espace intime siège de votre propre créativité. Je terminerai en passant en revue ce qui peut vous conduire à abandonner vos objectifs.

Les buts ou objectifs sont comparables à des bornes kilométriques. Une borne sert à indiquer l'endroit exact ainsi que le chemin qu'il reste à parcourir pour arriver à destination. C'est la même chose pour un but. Il donne un aperçu de la distance parcourue dans le cheminement personnel. En effet, quand on a atteint un but intrinsèque, on connaît les changements apportés à notre personnalité. Mais il ne faut pas s'arrêter là, il faut continuer à poursuivre ce genre d'objectifs pendant toute sa vie.

C'est stimulant de chercher à atteindre un objectif. Cela donne une énergie qui décuple la force créatrice, quel que soit l'âge ou le cheminement effectué. Cela signifie qu'on est tourné vers la création, l'épanouissement: et l'évolution. L'acte de créer est un mouvement dynamique par excellence et il donne un sentiment de plénitude intérieure. On peut dès à présent établir un lien entre atteint d'un objectif et une confiance en soi plus solide. On comprend pourquoi, par surcroit, c'est d'une importance capitale dans l'évolution personnelle.

L'importance des buts dans le cheminement personnel

Un être humain sans but est comme une automobile sans conducteur. Elle ne peut rester longtemps sur la chaussée sans faire une embardée. Les buts donnent la motivation qui permet de se maintenir sur la voie du cheminement personnel. N'est-ce pas un but en soi que de vouloir mieux se connaitre en vue d'améliorer sa qualité de vie?

Mais, avant de réfléchir aux objectifs de sa vie, il faut transformer ses perceptions. Il faut abandonner la vision défaitiste axée sur la victimisation ou l'excusite , et développer les aptitudes décrites au chapitre trois comme l'ouverture d'esprit ou encore la foi en notre potentiel de réussite même si celui-ci ne représente qu'une toute petite étincelle dans votre for intérieur. Apprenez à cultiver l'espoir d'une vie meilleure, d'une vie orientée sur l'épanouissement personnel et la créativité. Pour y parvenir de façon durable, vous savez dorénavant qu'une revue franche et honnête des comportements s'impose. Pourquoi ne pas en faire notre premier objectif?

Il ne fait aucun doute pour moi qu'on a tous en nous la capacité de réussite, il suffit de le reconnaitre comme étant vrai et de l'activer. On est tous dotés d'aptitudes créatrices intrinsèques qui permettent d'atteindre les buts qu'on se fixe. Quand on atteint un but, aussi petit soit-il, on modifie la vision que l'on a de soi et on prend conscience de ces grandes possibilités qui sont en nous.

Voyons maintenant les principales étapes qui mènent de la définition des objectifs à leur accomplissement.

Comment se fixer des buts?

1 Il faut d'abord limiter le nombre d'objectifs pour ne pas disperser notre énergie créatrice. Si on poursuit trop de buts en même temps, on augmente inutilement le risque d'échec. On peut, à la rigueur, en poursuivre quelques uns en même temps tout dépend de la difficulté qui y est associée.

Afin de mieux saisir ces propos, prenons l'exemple du boyau d'arrosage. Vous avez comme mandat de remplir la piscine de vos enfants. Si vous dirigez le boyau dans cette direction précise, vous aurez rapidement rempli la piscine. Si vous changez de direction toutes les deux secondes, il vous faudra beaucoup plus de temps et d'énergie pour atteindre votre objectif, remplir d'eau la piscine. Peut-être pensez-vous que mon exemple est un peu simplet mais il est réaliste. C'est effectivement la même analogie en ce qui concerne l'atteinte d'un objectif. En mettant l'accent sur un projet à la fois, on augmente considérablement ses chances de succès.

Une fois qu'on a atteint successivement plusieurs objectifs et qu'on a intériorisé la marche à suivre, il devient possible de s'en fixer plus d'un à la fois. Mais il ne s'agit pas d'une course, car si on a passé 20,30 ou 40 ans à développer inconsciemment notre personnalité actuelle, c'es impossible de tout modifier en 24 heures. Le cheminement n'est pas lié au temps, mais aux efforts et à la persévérance. Il faut agir chaque jour avec la ferme conviction de réussir. C'est selon moi la conduite la plus sage. Ce qui importe, ce n'est pas de se fixer un grand nombre d'objectifs mais d'atteindre ceux qu'on s'est fixés aussi petits soient-ils.

2 Il faut que les buts soient réalistes. Les objectifs hors de portée entrainent des conséquences négatives face à soi. Pour éviter ces inconvénients, il faut prendre le temps de réfléchir, de s'examiner avec sérieux afin de mettre en lumière nos véritables aspirations. Grâce à l'introspection, on peut découvrir ses désirs profonds et les objectifs qui permettent de les réaliser.

Il faut désirer sincèrement le changement. Sinon, on n'arrivera à rien. Pour atteindre les objectifs qu'on s'est fixés, il faut entretenir une relation avec cette motivation qui se cache derrière nos buts et nos idéaux. C'est elle qui mènera au succès.

L'honnêteté envers soi est elle aussi primordiale. Il faut savoir si on est capable d'atteindre le but visé, car s'il est trop difficile, les résultats ne seront pas probants et on risque fort d'abandonner.

3 Il faut trouver les moyens d'atteindre ses objectifs. Se fixer des buts est louable en soi, mais ce n'est pas suffisant. Il faut bien entendu, passer à l'action. La réflexion est le meilleur chemin menant à l'aboutissement d'un plan d'action qui servira de guide. Mais il est important de laisser place à l'improvisation, de rectifier le tir si nécessaire.

Prenons un exemple. Vous avez tendance à vous décourager facilement. Après mûre réflexion, vous vous êtes fixé comme premier but de modifier cette attitude embarrassante Quels sont les moyens à votre disposition? Grâce à votre réflexion, vous vous êtes rendu compte que l'unique façon de modifier cette attitude c'est de vous surveiller vous-même et de réagir promptement lorsque vous ressentez poindre le découragement. Vous savez que vous devez vous consacrer assidûment à votre tâche, et vous établissez un plan d'action quotidien. Bien sûr, ce plan peut être fort différent d'une personne à l'autre.

Ainsi, avant de sortir du lit, vous prenez deux minutes afin de chasser les traces de sommeil et vous vous répétez que vous conserverez une attitude positive tout au cours de la journée. Ensuite, vous faites le point plusieurs fois au cours de celle-ci afin de prendre conscience des sentiments qui vous habitent. Un des meilleurs endroits pour prendre un certain recul et faire un bilan sommaire sans risquer d'être dérangé, c'est souvent dans la salle de bains.

Au cours de la journée, vous êtes à l'affût de vos réactions face aux événements, car vous savez à présent que, pour changer vos comportements, il faut que vous pratiquiez l'introspection. De plus, vous vous répétez souvent des phrases motivantes et conformes à vos attentes, phrases qui s'imprimeront dans votre inconscient telles que, j'ai confiance en moi ou encore, quelle que soit la situation, j'agis dans la confiance. De plus, vous avez découvert un petit truc efficace; vous vous remémorez une expérience qui s'est soldé par un résultat positif et vous reprenez contact avec l'émotion ressentie à ce moment.

Quand on fixe son attention sur soi, l'énergie créatrice est dirigée vers soi et sert à réaliser les objectifs que l'on a sciemment choisis. Si au contraire, on la fixe sur les objectifs d'autrui ou encore pour s'autocritiquer cette belle énergie créatrice est gaspillée. N'oubliez jamais qu'on a le pouvoir de modifier uniquement ses propres schèmes de comportement. Il faut garder son énergie pour soi, pour sa propre évolution.

4 Après avoir réfléchi sur les moyens d'action, il faut se fixer des petits objectifs quotidiens, qui doivent naturellement être en relation avec l'objectif final. Ils sont comme des petits pas qui, l'un à la suite de l'autre, mènent au succès. Faites un bilan quotidiens de vos actions. Ainsi, vous prendrez conscience des progrès accomplis et des corrections à apporter.

Ceci nous amène à parler à nouveau de l'acceptation de soi. Il est possible qu'on ne réussisse pas tous les jours à atteindre ses objectifs. N'oublions pas que nous sommes des êtres humains. L'important, c'est de donner le maximum. Au moment du bilan, la certitude de l'effort accompli apportera une satisfaction intérieure, même si l'objectif n'est pas tout à fait atteint. Le plus important c'est d'accepter d'être là où on en est.

Par ailleurs, je crois qu'il n'y a pas d'échecs. Il n'y a que des expériences que nous percevons comme tel. Chacune de nos actions est une étape de notre cheminement personnel. Par conséquent, toute expérience est potentiellement salutaire, car elle permet d'en apprendre un peu plus sur soi. Il faut chercher ce que peut apporter une expérience, quelle qu'elle soit même si elle est parfois douloureuse.

5 Il faut se fixer des échéances. C'est impératif! Certains déterminent des objectifs sans se fixer de délai pour les réaliser. Pourtant cela évite de s'égarer inutilement et évite de perdre du vue son objectif. On évite également de gaspiller de l'énergie à rectifier le tir. Une échéance aide à persévérer, car on est certain d'arriver à bon port tout en sachant qu'il n'y a pas de temps à perdre. De plus, savoir qu'on se rapproche de son but est motivant en soi.

Il faut cependant être souple. Si on constate qu'il est impossible de terminer le travail en temps voulu, on peut repousser l'échéance, à condition d'en fixer une autre tout de suite. Bien entendu, on ne peut pas repousser l'échéance continuellement. Cela manquerait de sérieux.

Il importe également d'être honnête envers soi. Repousse-t-on l'échéance parce qu'on manque véritablement de temps ou parce qu'on veut fuir ses responsabilités. Avant de reculer une échéance, il faut donc se questionner en toute franchise. Plus on recule, moins on est motivé. Reprenons l'image du boyau d'arrosage: plus on recule, moins le jet est puissant et plus il est difficile de bien arroser ce qu'on vise.

Il faut aussi fixer le jour où on entreprend de mettre en œuvre les actions menant à l'objectif. Sinon, on risque de toujours remettre à plus tard le premier pas. N'oublions pas qu'il est toujours tentant de se trouver toutes sortes de bonnes raisons pour échapper aux efforts nécessaires. Évitons la duperie envers soi.

6 Il faut vaincre la peur de l'échec. Elle paralyse! Il faut en prendre conscience pour la neutraliser. Pour y parvenir, remplacez-la par une émotion contraire comme par exemple, en fixant son attention sur son droit à s'épanouir et à exploiter sa créativité. On a tous droit au succès, il sommeille en chacun de nous. Il faut imprimer cette vérité dans son centre subjectif en se répétant des paroles qui vont en ce sens. C'est une façon de se convaincre et de s'aider à persévérer.

Un autre moyen particulièrement efficace, c'est de se concentrer sur ses succès passés. Chacun a son petit répertoire d'exploits. Il faut fouiller dans sa mémoire et se concentrer sur ses succès. En se les remémorant, au coucher ou au lever, on chasse la peur de l'échec de son inconscient et on la remplace par le souvenir du succès.

Mais cette étape demande avant tout du courage. D'abord, celui d'admettre sa propre peur. C'est déjà une réussite en soi, car il est impossible de vaincre la peur de l'échec si on la nie. Il faut aussi avoir le courage d'en parler avec des gens aptes à comprendre ce que l'on ressent.

Pour récapituler, voici donc la démarche à suivre:

1 Se fixer un but à la fois;

2 Choisir des buts réalistes;

3 Réfléchir aux moyens à mettre en œuvre pour les atteindre;

4 Se fixer des objectifs quotidiens qui mèneront au but final;

5 Se fixer une échéance.

6 Vaincre la peur de l'échec et la peur de l'inconnu

En prenant cette saine habitude de vie, on change profondément ses perceptions. D'une attitude de victime ou de personne subissant la vie, on devient quelqu'un qui aime les défis, qui aime la vie pour toutes les occasions d'apprendre qu'elle offre. On se lève alors le matin, non pas en maugréant, mais en envisageant cette nouvelle journée comme un tremplin pour libérer sa créativité. Plus on prend conscience de ses succès, plus le centre subjectif enregistre par rétroaction un sentiment de confiance en soi reliée à l'aboutissement positifs de ceux-ci.

Il faut aussi prendre l'habitude de se récompenser quand on a atteint un but, surtout s'il est particulièrement important dans le cheminement. Les plus belles récompenses ne sont pas nécessairement les plus coûteuses. Un bon repas dans son restaurant préféré, une promenade dans les beaux quartiers, une heure d'équitation, une sortie avec un ami qui nous est cher, un bon massage, une heure de bain flottant ou même simplement un bouquet de fleurs sont des récompenses d'un prix raisonnable qui font plaisir. C'est à vous de les choisir selon vos moyens financiers.

Bien entendu, ne prenez pas l'argent destiné à payer une facture. Ce serait un très mauvais choix. Car non seulement vous n'apprécierez pas votre récompense comme il se doit et vous en éprouverez de la culpabilité

Résistance au changement et anxiété attribuables à la peur de l'inconnu

Il est évident que le cheminement personnel et les prises de conscience qui lui sont associés provoquent une modification de la personnalité. C'est d'ailleurs le but de l'exercice. Cette démarche est comparable à un cours d'eau. Imaginez une rivière qui coule de la même façon depuis fort longtemps. Un jour, un violent orage donne naissance à un immense barrage composé de débris de toutes sortes, arbres, roches, etc. La rivière ne peut plus suivre son cours habituel. Qu'est-ce qui arrive? Elle déborde de son lit et inonde les environs.

Mais la rivière rencontre des arbres, des gros cailloux, des trous, etc. Ce sont des résistances difficiles à anéantir. Cependant, elle use de patience, de force et de persévérance pour les vaincre. Au bout d'un certain temps, les résistances, comme les arbres, finissent par céder et sont entraînées par le courant.

Le même principe s'applique aux résistances psychologiques. Mais contrairement à la rivière qui a une confiance aveugle en sa force, on éprouve de l'anxiété face à ces résistances. Cette anxiété est causée par la peur La peur de quoi? Tout simplement de l'inconnu. Au cours du cheminement personnel, on prend conscience de parties de soi jusque là inexplorées. On ignore les réactions et les actions qu'elles provoqueront. On ne sait pas où cela va mener et cela suffit à donner naissance à l'anxiété.

Mais, comme la rivière, il faut avoir confiance en sa force. Tous ceux qui entreprennent un cheminement personnel rencontrent des résistances. La peur de l'inconnu est légitime. Mais la solution n'est pas d'abdiquer et de fuir à toutes jambes. Il faut faire preuve de confiance et de courage. Après quelques changements de comportements dont les bienfaits sont évidents, on constate que cette anxiété a diminué et que le cheminement personnel est plus important que la peur. Il suffit d'apprivoiser cette peur qui, en fin de compte, n'est qu'un "monstre-leurre" comme les autres.

Selon Rollo May, la croissance personnelle suppose des changements dans la structure de la personnalité, comme la modification de l'échelle de valeurs, afin de pouvoir se dépasser et accéder ainsi à des champs de conscience supérieurs. C'est un processus qui provoque inévitablement de l'anxiété. C'est le prix à payer pour se connaître soi-même.

Les surprises de la vie

En plus de poursuivre des objectifs, il faut résoudre les problèmes quotidiens imprévisibles. Ceux-ci semblent destinés à ce que l'on mette en pratique les schèmes de comportements nouvellement acquis. Elles offrent l'occasion de les intégrer dans l'action

Par exemple, alors que vous vous efforcer de modifier votre attitude défaitiste, vous perdez votre emploi. Bien entendu, cette situation est dramatique en soi. Comment y réagirez-vous? Laisserez-vous tomber votre objectif en vous apitoyant sur votre sort ou continuerez-vous de fixer votre attention sur la modification de cette attitude? Renoncerez-vous à votre objectif ou le poursuivrez-vous? Allez-vous relever vos manches et partir à la recherche d'un emploi ou allez-vous rester assis dans votre sofa à pleurer sur votre sort? Votre réponse dépendra des modifications qui se sont produites dans votre inconscient mais aussi de l'effort et de la volonté présents dans votre centre subjectif. Lors de telles situation, un temps de recul peut s'avérer nécessaire. Mais il ne faut pas rester trop longtemps à maugréer.

Comme je l'ai déjà mentionné à quelques reprises, l'élaboration et l'atteinte d'objectifs demeure un travail de longue haleine. Par contre, la pratique quotidienne de certains exercices facilite grandement le travail en plus de procurer une certaine stabilité intérieure. Mais quels sont-ils? Il s'agit de la méditation et de la visualisation précédée par la technique de la respiration profonde. La plupart des gens qui pratiquent la respiration profonde, la méditation, la visualisation, régulièrement acquièrent un sentiment de plénitude intérieure propice à l'éclosion de la créativité. De plus, cette pratique a un effet très apaisant. On a donc tous intérêt à méditer quotidiennement. On pourrait ainsi éviter beaucoup de malaises et de maladies liées au stress. Passons maintenant à l'analyse de ces méthodes.

La respiration profonde

La majorité des gens connaissent mal la respiration et encore moins la façon adéquate de respirer. La principale fonction de la respiration est d'amener l'air dans les poumons pour charger en oxygène les globules rouges du sang qui, à leur tour nourrissent les cellules du corps.

Or, en raison du mode de vie sédentaire, on a pris l'habitude de respirer superficiellement, c'est-à-dire de ne remplir qu'une petite partie de ses poumons. L'apport d'oxygène est par conséquent réduit. Lorsque cet apport est insuffisant, le corps envoie des messages: on bâille ou on soupire, ce qui a pour effet de d'obliger le corps à inspirer profondément et d'augmenter ainsi l'apport d'oxygène.

La respiration superficielle entraîne une accumulation des déchets toxiques comme le gaz carbonique dans le sang. Or, leur présence cause des problèmes comme la fatigue et le stress. Et, si vous êtes fumeur, l'accumulation des substances toxiques augmente considérablement.

Un meilleur apport d'oxygène engendre le calme intérieur. Il est propice à la concentration. De plus, la respiration profonde permet de se connecter à son espace intime. La respiration profonde est donc nécessaire au cheminement personnel. Essayez-la, vous verrez. Retirez-vous dans un endroit calme et respirez profondément. Vous constaterez que votre tension diminue. Voyons maintenant comment y parvenir.

Choisissez la position qui vous semble la plus confortable, assis ou couché, mais sans oreiller. Fermez les yeux et soyez à l'écoute de ce qui se passe en vous. En premier lieu, la respiration profonde demande d'inspirer et d'expirer par le nez.

Pour commencer, expulsez l'air de vos poumons. Puis inspirez selon trois étapes. Premièrement, remplissez la base de vos poumons en relâchant votre ventre et en le laissant se gonfler. Autrement dit, inspirer par le ventre. Deuxièmement, poussez doucement l'oxygène au niveau de la cage thoracique. Troisièmement, emplissez la partie supérieure de vos poumons. Il importe de ne pas forcer l'inspiration. Il ne faut pas ressentir de gêne en s'étirant trop.

Lors des premiers essais, l'inspiration devrait durer cinq ou six secondes. Ensuite, quand vous expirez, commencez par vider votre ventre et terminez par la partie supérieure de vos poumons. Répétez l'exercice de sept à douze fois. Si vous éprouvez une certaine gêne, arrêtez. Vous recommencerez une autre fois. Vous ressentirez peut-être de légers malaises, des étourdissements par exemple. C'est tout à fait normal, c'est que votre corps n'est pas encore habitué à ce surplus d'oxygène. Prenez le temps, rien ne presse, faites-le à votre rythme. Tout en pratiquant la respiration profonde, vous pouvez vous répétez des paroles telles que: Je suis calme, de plus en plus calme.

En somme, l'idéal c'est de pratiquer cet exercice au moins une fois par jour. Vous pouvez l'effectuer jusqu'à trois fois par jour sans problème. Vous vous rendrez vite compte des bienfaits de cet exercice.

Il est important de préciser que la respiration profonde est le prélude à une relaxation efficace et crée une ouverture propice à la méditation.

Relaxation et méditation

Passons maintenant à la phase suivante qui est la relaxation proprement dite. Après avoir fait plusieurs respirations, commencez par détendre votre corps, en lui donnant tout simplement l'ordre de se relaxer. La méditation est meilleure quand les muscles sont détendus.

Au début, il est possible que votre corps ne vous obéisse pas aussi facilement. Pour réussir à vous détendre entièrement vous devrez relâcher consciemment chaque partie de celui-ci. Commencez par les pieds en remontant lentement jusqu'à la tête. Dites-vous des paroles telles que; mes pieds sont relâchés. Je les sens légers comme une plume. Continuez ainsi en passant en revue les autres parties de votre corps jusqu'à la tête.

Quand tout le corps est décontracté, on devient réceptif, on est prêt à méditer. Avant de poursuivre, prenons conscience d'une partie de nous qui, tout en nous étant familière, peut nous empêcher de nous concentrer: le mental.

Qu'est-ce que le mental? En quelques mots, c'est la partie de nous qui pense. Il est le siège des pensées. C'est par le mental que l'on prend conscience des émotions, des sentiments et des perceptions sensorielles. Il est absolument nécessaire à notre survie sur la Terre. Sans lui, il est impossible d'entrer en contact avec le monde, c'est-à-dire l'univers qui nous entoure et dont nous faisons partie.

Prenons un exemple pour mieux saisir ce qu'est le mental et sa principale fonction. Vous avez sûrement déjà vu un astronaute dans l'espace. Il est obligé de mettre une combinaison qui le protège du froid, de la chaleur et des radiations solaires. Cette combinaison limite beaucoup ses mouvements. Avec ses gants, il n'a plus la même dextérité que s'il était mains nues. Tous les tuyaux qui servent à l'alimenter en oxygène et à éliminer le gaz carbonique le gênent également considérablement.

Cependant, c'est de bon cœur que l'astronaute met sa combinaison, car il sait qu'elle lui permettra de vivre des expériences fantastiques qu'il ne pourrait pas connaître sur Terre. Il accepte d'être limité dans ses mouvements, car il sait que, sans sa combinaison, il ne pourra pas aller dans l'espace et pour rien au monde, il ne voudrait manquer ça.

Le mental est comme une combinaison d'astronaute. Sans lui, on ne peut pas entrer en relation avec le monde matériel. Certes, il limite notre perspective, mais il permet aussi de vivre la fantastique expérience qu'est de vivre sur la planète Terre. Il faut donc s'en accommoder. De plus, c'est également lui qui permet d'entrer en relation avec notre centre subjectif.

Mais le mental est l'esclave de certaines habitudes plus tenaces: il aime gambader, il ne tient pas en place. À preuve, remarquez le nombre effarant de pensées qui vous traversent l'esprit au cours d'une journée. Par conséquent, ce mental vous gênera pendant votre méditation. Il voyagera entre le travail et l'école, le passé et le futur. Vous vous mettrez à penser à votre ami, votre voisin, votre frère, votre sœur, etc. Ne vous inquiétez pas, c'est normal. Le mental fonctionne toujours ainsi, parce qu'on l'a toujours laissé faire. Personne ne nous a appris à contrôler ce flot de pensées ininterrompues. Pendant vos premières méditations, votre mental partira donc sans doute à la dérive. Ne vous découragez pas. C'est normal!

Pour une méditation soit le plus efficace possible, il faut que le mental cesse de faire des cabrioles et reste dans le moment présent c'est-à-dire qu'il se consacre à la méditation. Le meilleur moyen d'y parvenir, c'est de le ramener dans le moment présent en vous répétant : Je suis ici, maintenant. Rien ne sert de brusquer. Le mental représente une part importante de vous-même. Le maltraiter, c'est vous malmener. Et cela aura pour principale conséquence d'augmenter votre stress et donc de vous déconcentrer.

En fait votre mental est comme un enfant à qui on da pas inculqué les règles de vie en société. Il fait ce qu'il veut, où il veut et quand il le veut. Pour réussir à éduquer un tel enfant, vous devez faire preuve de patience et de finesse. C'est la même chose avec votre mental. Soyez doux avec cette partie de vous-même. Dialoguez avec votre mental afin de lui enseigner les règles fondamentales de la méditation. Prenez le temps qu'il faut car, sans conteste, le cheminement personnel n'est pas une course contre la montre. Chacun avance selon son rythme propre.

Au cours de la méditation profonde, quand votre mental sera muet ou du moins lorsque vous aurez suffisamment ralenti le rythme de vos pensées, vous vous rendrez compte qu'il existe en vous autre chose que ce mental. Dans ce moment privilégié, vous découvrirez une autre facette de vous-même, qui se situe au-dessus du mental. C'est un espace d'abandon régénérateur. Un bref moment de contact avec cet espace procure une énergie intérieure qu'on sent circuler dans tout le corps. On a l'impression d'être en dehors de la réalité terrestre tout en y étant profondément ancré.

La plupart des limitations sont des conséquences de l'identification totale au mental et à la personnalité. On ne se rend pas compte que l'énergie et la créativité pures sont présentes dans cet espace d'abandon qui ne demande qu'à être exploité. La pratique de la méditation favorise cette découverte intérieure et donne accès à cette autre dimension extraordinaire. Par contre, cela demande de la pratique quotidienne.Quand on réussit à entrer dans un état méditatif, on peut faire appel à son imagination.

L'imagination

Prenons d'abord le temps de voir ce que signifie ce mot. D'après le Larousse, c'est: a) faculté de se représenter par l'esprit des objets ou des faits irréels ou jamais perçus, de restituer à la mémoire des perceptions ou des expériences antérieures. b) faculté d'inventer, de créer, de concevoir.

On peut donc se servir de son imagination de ces deux façons. Premièrement, dans le recueillement de notre espace intime, on peut se représenter les objectifs qui nous tiennent à cœur. Par l'imagination, nous pouvons nous percevoir avec des aptitudes ou les schèmes de comportements que nous désirons actualiser en soi. Compte tenu que les perceptions qui sont dirigées dans l'inconscient sont acceptées telles qu'elles celui-ci en tiendra compte comme s'ils relevaient de la réalité.

En voici un exemple concret. Édith a dix kilos de trop. Après mûre réflexion, elle se fixe comme objectif de perdre ces kilos superflus. Avant de passer à l'action, elle se questionne sur les raisons de ce léger embonpoint. Grâce à l'introspection, elle se rend compte qu'elle mange souvent pour compenser son ennui et son manque de motivation. Elle est bien sûr consciente que pour perdre ses kilos et ne pas les reprendre par la suite, il lui faut d'abord se concentrer sur cette cause puis sur la diète proprement dite.

Pour atteindre son objectif, elle fait appel à son imagination. Environ trois semaines avant de commencer son régime, elle se visualise pesant exactement le poids désiré. Elle se représente son corps plus mince et se voit porter des vêtements attrayants. Elle éprouve toute la joie et le bien-être intérieur que lui procurent son nouveau poids, et son inconscient enregistre le message associé à la perte de poids.

Par ailleurs, étant consciente des éléments associés à ce surplus de poids, Édith doit aussi se trouver de nouvelles occupations car elle a compris que le sentiment d'ennui l'amène à compenser dans la nourriture. Elle décide donc de faire du bénévolat auprès des personnes âgées. Grâce à ce travail, elle se sent aimée et appréciée. Au bout d'un certain temps, elle atteint son objectif. Non seulement Édith a-t-elle perdu du poids, mais elle aide désormais aussi les autres, et elle en ressent beaucoup de fierté. Elle n'éprouve plus le besoin de consommer de la nourriture quand elle n'a pas faim.

La deuxième façon de se servir de son imagination, c'est en créant. Grâce à l'imagination, une multitude d'inventions et de grandes choses ont vu le jour, mais il en reste encore beaucoup à découvrir. Toute personne peut jouir de cette faculté de création. Il suffit simplement de s'en servir. Il faut laisser parler son imagination en ouvrant son esprit. Les résultats seront bénéfiques, et vous les apprécierez.

Chose certaine, l'imagination associée à la visualisation donne des résultats spectaculaires. Voyons maintenant comment utiliser à bon escient cette merveilleuse faculté qu'est la visualisation. Comme je l'ai déjà mentionné, l'imagination et la visualisation sont inextricablement liées.

La visualisation

Vous avez également compris que l'inconscient capte toutes les perceptions du centre subjectif sans distinguer celles qui sont reliées à des expériences vécues de celles qui sont attribuables à l'imagination. On peut donc en profiter pour influencer l'inconscient grâce à l'imagination. Comment? En pratiquant des techniques de visualisation.

Qu'est-ce que la visualisation? C'est la faculté de voir et surtout de sentir, par le mental, au niveau du conscient, ce qu'on désire améliorer, acquérir, modifier ou devenir. Je vous propose d'ailleurs une marche à suivre pour pratiquer une visualisation efficace, axée sur le cheminement personnel.

Il faut avant tout se retirer dans un endroit calme, à l'abri des dérangements. Tout comme la relaxation, il est préférable de pratiquer la visualisation toujours au même endroit. En effet, l'habitude de la pratique quotidienne dans la même pièce déclenche un processus d'association. Celle-ci devient inconsciemment un lieu voué à la méditation. Cela peut être dans votre chambre ou une pièce au sous-sol, par exemple. L'important, c'est que ce soit un endroit tranquille. Voici comment procéder.

Après avoir relâché les muscles de votre corps et atteint un état de calme , visualisez votre objectif. Ressentez les sensations et les émotions reliées à sa réalisation, comme si tout se déroulait réellement. Votre inconscient enregistrera ces perceptions. Il faut commencer la visualisation plusieurs semaines avant de passer à l'action, et cela nécessite une pratique quotidienne. Plus vous y consacrerez de temps, plus les perceptions s'imprimeront dans votre inconscient. Cette pratique est la même, quel que soit le comportement à modifier ou le but à atteindre.

En vérité, l'imagination associée à la visualisation a fait ses preuves. Vous pouvez vous servir de cette méthode en toute confiance. Elle vous aidera beaucoup dans votre cheminement de vie.. Encore plus, elle fera de vous quelqu'un de nouveau, quelqu'un en pleine possession de sa créativité.

Prenons un objectif tiré de ma propre expérience: se défaire d'une dépendance, en l'occurrence, la cigarette. J'ai commencé à fumer régulièrement vers l'âge de 14 ans. Au bout de 22 ans de dépendance, je me mis à éprouver quelques troubles respiratoires, ainsi que des problèmes de tachycardie. J'avais déjà essayé de cesser de fumer, mais sans grand succès. À cette époque, je ne connaissais pas les pouvoirs de la visualisation.

Après avoir consacré un certain temps à mon cheminement personnel à développer mes aptitudes, j'ai compris que je pouvais arrêter de fumer grâce au pouvoir de la visualisation. J'ai donc commencé par analyser en détail tous les inconvénients de la cigarette, les conséquences sur les bronches, la mauvaise haleine, la toux sèche, l'air vicié, et ma pauvre condition physique.

Je me suis aussi livrée à l'introspection pour trouver quelles peurs étaient associées au fait de cesser de fumer. Je craignais avant tout de prendre du poids, de peser 10 ou 15 kilos de plus. En prenant conscience de cette hantise, j'en ai conclu que je prendrais peut-être quelques kilos (tout au plus 4 ou 5) mais que je les perdrais après.

De plus, venait ensuite la peur de la privation. J'ai bien vite constaté que je l'associais à la peur du vide. Je savais qu'en arrêtant de fumer, j'éprouverais un sentiment de perte. Comme j'en étais pleinement consciente, j'ai accepté cet état psychologique. En envisageant mes craintes en toute honnêteté, j'ai pu les accepter, me familiariser avec elles, les approfondir et ultimement les apprivoiser. Par conséquent, ces appréhensions avaient beaucoup moins d'emprise sur moi.

Aussi, pendant trois semaines, j'ai donc pris l'habitude de me visualiser ayant arrêté de fumer sans avoir pris un kilo de plus. Je me voyais mieux respirer, ne plus souffrir de tachycardie, en pleine forme et, fait primordial, de bonne humeur. Il était en effet hors de question que je fasse subir à mes proches les effets du manque des premiers jours.

Bien sûr, au début j'ai ressenti un atroce besoin de nicotine. Cependant, j'acceptais ce fait. Je savais que c'était une étape obligatoire, mais temporaire. Je ne me décourageais pas. Tous les matins, je pratiquais ma visualisation. Au bout d'un moment, le manque devint moins impérieux, plus tolérable.

J'avais quand même mangé plus pour compenser mon besoin de nicotine, et donc pris quelques kilos. Mais je l'acceptais aussi. Après quelques mois, j'ai suivi une légère diète et j'ai perdu sans problème tous les kilos en trop. C'est normal, je m'étais visualisée sans kilos superflus, et cela a fonctionné.

En outre, j'ai également compris que la cigarette était reliée à certaines émotions, à certains sentiments ou au stress. Elle était aussi associée à certaines actions précises. Par exemple, quand je passais des heures à faire mes travaux universitaires à l'ordinateur, je fumais beaucoup. Alors, après avoir cessé de fumer, je me retrouvai à travailler à l'ordinateur, tenaillée d'une grande envie d'une cigarette. Je ressentais parfois le même grand vide que me causait le besoin de nicotine des premiers jours de sevrage. Dans ces moments-là, je mâchais du chewing-gum et mon envie de fumer s'estompait peu à peu.

Bien entendu, il m'arrive encore d'avoir très envie d'une cigarette. Mais les perceptions de bien-être physique sont maintenant imprimées dans mon inconscient. Alors, mon envie de fumer n'est pas assez forte pour que je passe à l'acte. Je ne veux pas retomber dans la dépendance, et j'en fais le choix consciemment.

Se défaire d'une dépendance ou modifier une attitude ou un comportement est un processus intrinsèque. Par exemple, quand l'envie de fumer m'accaparait trop, je pratiquais une autre sorte de visualisation. Pour calmer mon besoin de nicotine, je parlais à une cigarette. Je me visualisais en train de lui expliquer que notre relation était néfaste, car basée sur une dépendance de ma part.

N'ayez pas peur de recourir à des images mentales farfelues. Le principal, c'est que cela soit efficace. De toute façon, personne ne les connaitra, à moins d'en parler comme je l'ai fait. Tous ces petits trucs de visualisation m'ont beaucoup aidée à me débarrasser de cette habitude nocive pour ma santé.

Ce que j'ai ressenti, l'angoisse, la peur du manque, l'insécurité etc. font partie de ce qu'on perçoit dès qu'on entreprend un cheminement personnel. Ce sont des émotions inhérentes à l'évolution. Il ne faut surtout pas perdre de vue cette réalité et persévérer dans la bonne voie: la voie de la croissance.

Que ce soit dans les sports ou en affaires, c'est par la visualisation que beaucoup de gens ont réussi à atteindre les buts qu'ils s'étaient fixés. C'est grâce à elle qu'on donne libre cours à sa créativité. Allez-y, tout est possible, vous n'avez qu'à choisir ce qui vous convient le mieux.

De plus, n'oubliez pas deux mots clés en ce qui concerne la méditation et la visualisation: constance et persévérance. Il ne faut pas se contenter de les pratiquer de temps à autre mais s'appliquer à le faire quotidiennement si on veut obtenir les résultats escomptés.

Il existe bien sûr d'autres trucs pour vous aider à atteindre vos buts. Je vais vous décrire une méthode que j'affectionne particulièrement et qui donne plus de force intérieure. Elle est très simple: soyez vous-même votre entraîneur ou votre motivateur.

Soyez pour vous-même votre propre entraîneur ou votre motivateur.

Vous avez sans doute une bonne idée de la philosophie de l'entraîneur et du motivateur. Leurs principales fonctions sont de guider, d'encourager et de faire preuve d'autorité quand la situation le demande.

Quand un athlète accomplit une bonne performance, son entraineur le félicite. Si elle est mauvaise, l'entraîneur analyse avec lui les raisons de son échec. Quand l'athlète est démoralisé, l'entraîneur lui apporte son soutien et l'aide à traverser cette crise.

Le rôle du motivateur s'apparente à celui de l'entraîneur. Il stimule les gens qui assistent à ses séminaires. Avez-vous déjà assisté à la conférence d'un spécialiste en motivation? Si la réponse est oui, vous savez quel bienfait cela procure. Ce genre de conférences canalise l'énergie nécessaire à la réalisation des objectifs personnels. On peut être soi-même son entraîneur ou son motivateur. Voyons maintenant comment vous pouvez vous auto motiver?

Premièrement, on assume sa responsabilité quant à son bien-être puisque l' on est responsable de sa façon de réagir et des schèmes de comportements qui en découlent de ces réactions. Cela suppose un dialogue conscient avec soi plusieurs fois par jour. D'ailleurs, vous savez maintenant que l'on passe la majorité de sa vie à laisser le mental dicter le dialogue intérieur, de façon mécanique Alors, pourquoi ne pas choisir d'exercer un certain contrôle de nos pensées.

Deuxièmement, le discours intérieur doit être basé sur l'acceptation de soi. En effet, si on se traite de bon à rien, d'idiot, etc., on ne va nulle part. Est-ce qu'un entraîneur traite ses athlètes de cette façon? Est-ce qu'un motivateur désigne ainsi son auditoire? Sûrement pas. Ils savent être justes et intègres. Il faut adopter la même attitude envers soi-même. Le dénigrement est néfaste, il ne fait que blesser inutilement. Ce n'est aucunement le but de cet exercice.

Troisièmement, il faut être honnête envers soi-même en étant à l'écoute de soi afin de déceler les éventuels mensonges menant à la déresponsabilisation.

Prenons maintenant un exemple pour mieux comprendre ce que j'entends par 'auto motivation. Vous avez des problèmes de communication avec votre conjoint. Vous désirez améliorer le dialogue, car vous êtes convaincu que ceci favoriserait votre relation. Vous décidez de passer à l'action car vous en avez assez d'être incapable de vous exprimer.

Pour modifier votre comportement, votre démarche sera somme toute relativement facile, mais non sans effort. Il vous suffira de rester centré sur vous tout au long de la journée. Au lever, vous prendrez le temps de vous dire mentalement bonjour et de décider consciemment que cette nouvelle journée sera axée sur l'écoute de votre monologue intérieur. Quand vous descendrez à la cuisine pour le petit-déjeuner, vous saluerez cordialement votre famille. Vous souhaiterez à chacun une bonne journée au moment de partir. C'est déjà une façon d'améliorer la communication.

Au cours des jours suivants, vous vous répéterez que vous êtes capable de vous exprimer et que vous avez tout intérêt à améliorer votre aptitude à dialoguer. Quand ce sera votre tour de prendre la parole, vous vous centrerez à nouveau sur vous-même et vous vous encouragerez à parler.

L'encouragement, voilà le mot clé. C'est à cela que sert le motivateur intérieur. Il vous encourage à modifier votre comportement.

Laissez-le travailler pour vous tant que le comportement ne sera pas remplacé par un autre plus adéquat. Encouragez-vous à mieux communiquer. S'encourager ouvre la voie à la créativité.

Un autre truc du même genre, c'est d'entrer en compétition avec soi, une compétition saine où le gagnant ne peut être que vous.

La saine compétition avec soi-même

Entretenir une saine en compétition avec soi signifie qu'on a pris l'engagement de progresser chaque jour et décidé consciemment d'améliorer quotidiennement sa qualité de vie. Cela veut dire aussi qu'on sait que c'est le seul " défi " bénéfique pour soi, puisque c'est le seul qui permet de rester centré sur soi. La compétition avec les autres pousse à vouloir les devancer, à se centrer sur eux au lieu de se centrer sur soi.

En étant en compétition avec soi-même, on cherche à devenir meilleur dans son propre intérêt. C'est une motivation profonde, fondée sur l'acquisition d'un mieux-être personnel et non sur la gloire éphémère d'un quelconque gain obtenu en battant quelqu'un d'autre. C'est un défi qui pousse à donner le maximum de soi-même pour soi-même. Quel beau cadeau, quelle belle récompense! C'est une compétition qu'on peut mener sans problème toute sa vie, car elle est empreinte d'amour, d'amour pour soi. Elle n'est pas stressante, elle est motivante.

Quelle belle réussite que de s'apercevoir que grâce à sa persévérence, on est parvenu à s'améliorer, à devenir meilleur. La joie et la gratitude qu'on éprouve envers soi et envers la vie pendant ces moments intenses valent n'importe quel trophée.

Cependant, malgré tous les efforts entrepris, il est possible de ne pas réussir à atteindre les buts fixés. Voyons quelques causes d'abandon.

Quelques causes d'abandon

Une des principales causes d'abandon, c'est d'avoir choisi des objectifs qui ne convenaient pas. Si on échoue, c'est avant tout dans la définition de l'objectif. Je m'explique. Il est possible que celui-ci soit inaccessible pour le moment, car trop exigeant. La première étape est donc de définir des objectifs simples et réalisables à court terme. À la rigueur, définissez un objectif majeur auquel vous rattachez des petits objectifs qui mèneront à la finalité escomptée. Par exemple, ne vous fixez pas comme objectifs d'être la personne offrant la meilleure écoute si vous êtes un verbomoteur incontrôlable. Si vous désirez développer votre écoute, les petits objectifs pourraient être d'écoute une personne pendant deux minutes en vous concentrant sur ses paroles. Si vous subissez un échec, comprenez bien que, quelle que soit l'étape où cela vous arrive, il vous sera toujours possible d'atteindre cet objectif à un autre moment.

Une autre cause d'abandon, c'est l'influence d'un tiers au moment où on définit son objectif. Le choix se fait alors non pas en fonction d'une motivation intérieure mais pour faire plaisir à autrui. Ce n'est donc pas un but émanent de soi et il peut fort bien ne pas correspondre à votre propre champ d'intérêt. Si tel est le cas, tôt ou tard vous perdrez votre motivation. Vous comprenez maintenant pourquoi il est important de se questionner en toute honnêteté.

Par ailleurs, il n'y a rien de honteux à ne pas atteindre un objectif du premier coup. L'échec permet toujours d'apprendre quelque chose sur soi. Il fait partie intégrante du processus de croissance personnelle, et c'est ce qui compte. Il faut réagir sainement en se disant que l'échec n'existe pas, c'est juste une expérience qui permet de croître.

En résumé, définir des buts et réussir à les atteindre grâce à des outils comme la respiration profonde, la méditation, l'imagination et la visualisation améliore grandement la confiance en soi. Plus vous atteignez de buts, plus vous prenez conscience de votre force intérieure. Mais il importe d'être honnête envers soi lors de la définition de ceux-ci Si vous voulez aller trop haut, trop vite, vous risquez de tomber et de vous blesser.

Passons maintenant à l'avant dernier chapitre consacré à l'importance de trouver un sens à sa vie. En effet, vaquer à ses occupations quotidiennes ayant pour but de combler nos besoins de base comme la nourriture est bien. Par contre, trouver un sens à sa vie dont il est question ici relève du besoin d'épanouissement personnel.

Chapitre 6
Donner un sens à sa vie

Ce chapitre porte sur la nécessité de donner un sens à sa vie. Dites-moi pourquoi mettre de l'énergie à vouloir se connaitre et s'améliorer si ultimement nous de découvrons un sens profond à notre vie? Tout cheminement personnel sérieux amène à prendre conscience de la nécessité de mener un questionnement à se sujet. On a tous des actions précises à accomplir, directement liées à notre idéal. Cet idéal se reflète dans les croyances et les valeurs consciemment choisies. Au chapitre précédent, nous avons mentionné l'importance de connaitre des motivations internes qui guident l'élaboration de nos objectifs, car de celles-ci dépendent la direction vers laquelle nous orienterons les actions posées au cours de notre vie.

Combien de personnes peuvent prétendre avoir trouvé le véritable sens de leur vie et l'avoir respecté? Dans les sociétés consuméristes, trouver un sens à sa vie a perdu sa signification profonde. Les valeurs sociales omniprésentes portent à croire que cela veut dire avoir un bon emploi, une maison, une ou deux voitures, voyager, etc. Les principaux stimuli sont associés au plaisir et à la distraction immédiats. Ils sont véhiculés par les médias (télévision, journaux) et par une culture de libéralisme économique.

Dans ce contexte, donner un sens à sa vie peut en être réduit au pouvoir d'achat que l'on détient ou non. On note en effet que l'essence de la nature humaine se détériore: disparition des valeurs humanistes, comme l'entraide et la compassion. De plus, compte tenu du mode de vie effréné, de moins en moins d'individus se permettent de ressentir leurs émotions profondes. Collectivement, nous n'avons plus de temps pour ça ! Ces signes mettent en évidence une certaine forme d'aliénation de soi.

Dans notre société, on peut remarquer que de plus en plus de gens éprouvent des malaises psychologiques attribuables à cette aliénation de soi. Les sentiments de vide et d'impuissance sont lots quotidiens de plusieurs. Ils ont l'impression que leur vie est vide et inutile. Ils ne trouvent pas de sens à celle-ci. Ils se sentent isolés, n'éprouvant pas sentiment d'appartenance à quoi que ce soit.

Sans vouloir dénigrer le libéralisme économique, force est de constater que détenir un pouvoir d'achat et la consommation qui s'en suit ne peuvent pas constituer les seuls buts dans la vie. Si on n'a pas trouvé de sens profond à notre présence sur Terre, en premier lieu en définissant de façon consciente ses croyances, ses valeurs et de ses idéaux personnels, on vivra dans un état d'aliénation constant. Et les malaises tant physiques que psychologiques continueront à se manifester.

Mais, il faut également avoir défini ses défauts, ses manques, ses imperfections. Autrement dit, il faut avoir fait le tour du propriétaire. De plus, la pratique de la médiation associée à la visualisation permet à ces adeptes d'actualiser cette merveilleuse énergie créatrice qui vit en chacun de nous et qui dépasse notre personnalité. Elle est ancrée au plus profond de soi. On pourrait l'appeler l'énergie fondamentale de tout être vivant, qu'il soit humain ou non. C'est grâce à elle qu'on peut créer et évoluer, qu'on a l'occasion de se dépasser, de s'épanouir et, en définitive, de donner un sens à sa vie. Cela ne veut pas dire que l'on atteindra la perfection mais qu'on transformera le sentiment de vide intérieur, d'isolement et de perte de contact avec soi en une énergie qui pousse à aller de l'avant avec confiance.

Découvrir le sens de sa vie sur Terre

Une fois que l'on a pris conscience de nos valeurs, de nos croyances, on a tendance à réfléchir de façon quasi automatique aux moyens de s'épanouir et d'exploiter sa créativité en fonction de qui nous sommes. Chez plusieurs d'entre nous, prendre conscience de toute cette richesse qui foisonne l'intérieur de soi amène un questionnement fondamental: Quel est le sens de notre vie sur Terre. Je crois qu'il y a autant de définitions qu'il y a d'individus qui y vivent. Autrement dit, ce sens est directement en lien avec nos perceptions. C'est à chacun de le découvrir. Je crois qu'il n'y a rien de plus sécurisant que de se sentir à la bonne place, au bon moment.

Donner un sens à sa vie ne signifie pas devenir premier ministre ou encore PDG d'une multinationale ou encore s'exiler dans un pays en voie de développement. Pour certains, c'est possible que cela soit le cas mais il n'y a aucune obligation à cet égard. Cela peut être de s'adonner à la peinture, ou être relié à sa carrière, ou bien de s'adonner au bénévolat auprès des jeunes, des personnes âgées, des mourants, des délinquants, etc. Peu importe! L'important est de ressentir en vous que ces actions émanent de votre espace intime.

Par ailleurs, il faut tenir compte de certains facteurs quand on cherche à définir le sens que l'on veut donner à sa vie. On ne peut surtout pas agir sur un coup de tête. On ne peut pas bouleverser totalement sa vie et celle de ses proches, à la maison ou au travail, pour se consacrer exclusivement à une vocation quelconque sans avoir longuement réfléchi à la question. Il ne faut pas ignorer ses obligations. Il est cependant possible d'en discuter avec les personnes concernées et de trouver les solutions appropriées.

Prenons un exemple. Après mûre réflexion,, Caroline finit par conclure que son travail dans la vente ne comble pas ses aspirations les plus profondes. Elle a le sentiment de ne pas exploiter toute sa créativité. Grâce à la l'introspection, elle a découvert que son désir profond est de travailler auprès des enfants. En effet, elle aime particulièrement garder ses neveux et nièces des weekends entiers, et ce, en plus de son fils. Elle a réalisé que pour elle, il n'existe aucun sentiment plus exaltant que lorsqu'elle voit dans les yeux des petits briller la joie après une activité qu'elle a organisée.

De plus, Caroline a la ferme conviction que chaque enfant a droit à l'amour et au soutien d'adultes significatifs qui ont pleinement conscience d'avoir une responsabilité dans le développement physique et psychologique de ceux-ci. Mais pour travailler en service de garde, Caroline doit entièrement réorienter sa carrière et obtenir le diplôme qu'il lui manque. Elle sait aussi que ce nouvel emploi entraînera, du moins au départ, une diminution de ses revenus. Elle explique à son conjoint à quel point cette réorientation de carrière découle du sens profond qu'elle veut donner à sa vie. Celui-ci se montre compréhensif et respecte tout à fait son choix. Elle décide donc de passer à l'action en s'inscrivant au cégep en techniques d'éducation à l'enfance.

Le choix des actions et les changements engendrés peuvent être parfois plus difficiles que dans l'exemple précédent. Mais quand on est intimement convaincu du bien-fondé de son choix, il faut foncer et faire ce qui est nécessaire pour mener à bien l'objectif de sa vie. S'il s'avère que vous vous trompez, vous le saurez bien assez tôt. En effet, la vie vous enverra des messages afin de vous porter à réfléchir de nouveau à votre choix.

À partir du moment où on a pris conscience du sens que l'on veut donner à sa vie, on consacre son temps et son énergie à s'épanouir pleinement, sans calculer. C'est le don de soi. Le fait de donner en étant sûr de donner au bon endroit, apporte un sentiment de plénitude incomparable.

Donner et recevoir

Regardons de plus près la dynamique donner et recevoir, car il est important d'en prendre conscience. Quand on donne sans attendre rien en retour, que ce soit des choses matérielles, ou encore prodiguer de l'aide ou bien du réconfort à quelqu'un par exemple, on libère avant tout une énergie bienfaitrice dirigée sur la personne qui reçoit. Cette énergie bienfaitrice ainsi dégagée revient au donneur qui, à son tour en ressent les effets positifs.

Par exemple un ami qui, malgré toute la bonne volonté qu'il y met, a de la difficulté à intégrer les bienfaits de l'introspection dans sa vie. Vous le guidez, vous le soutenez, et vous l'encouragez. Vous avez le sentiment de lui être utile. Vous observez les changements bénéfiques s'opérer en lui et l'énergie qu'il dégage vous revient. Vous la percevez consciemment. Elle pénètre en vous. Vous en ressentez les bienfaits.

Cependant donner ne signifie pas nécessairement aider les autres d'une façon tangible. En effet un peintre qui expose sa toile fait aussi un don, car il procure un sentiment de paix et d'harmonie à ceux qui la regarderont. Imaginez-vous devant une toile qui inspire la sérénité et le calme. Si vous vous laissez pénétrer par cette peinture, vous entrerez en relation avec l'énergie créatrice de l'artiste. Quand on donne avec son cœur et qu'on sait que c'est apprécié, on se sent intérieurement très valorisé. Comme l'artiste avec sa toile, tout don de soi déclenche un sentiment de paix et d'harmonie. C'est une façon d'évoluer et de devenir plus humain. Donner donne des ailes.

Il est aussi important de savoir que ce n'est pas forcément la personne à qui on a donné qui nous donnera en retour. Ce peut être quelqu'un d'autre. Prenons un exemple. Vous rendez service à un ami. Vous l'aidez à résoudre une difficulté quelconque. Quelques semaines plus tard, vous avez besoin d'argent. Vous demandez de l'aide au même ami, mais il ne peut pas vous tirer d'embarras. Vous demandez alors à quelqu'un d'autre, et celui-ci accepte d'emblée de vous prêter l'argent dont vous avez besoin.

Vous avez aidé quelqu'un et quelqu'un vous aide en retour. Le principe s'énonce ainsi: donne et tu recevras. Il ne faut pas attacher d'importance au bénéficiaire du don et s'attendre à recevoir quelque chose de lui. C'est une chaîne d'amour. Il ne faut pas se sentir frustré si quelqu'un à qui on a donné ne peut pas nous rendre la pareille. C'est quelqu'un d'autre qui s'en chargera, et c'est ça qui importe, il faut toujours en être conscient. Vous connaissez peut-être l'expression donner au suivant. C'est ce qui est décrit ici.

De plus, l'acte du don génère une énergie positive qui se disperse dans l'univers. En ce sens, tout don est bénéfique pour les êtres vivants sur terre. Et cette belle énergie nous revient et favorise notre bien-être.

Elle consolide Elle permet de voir le jour, là où règne la nuit; de voir le soleil, là où il n'y a que des nuages.

Donner un sens à sa vie signifie aussi se faire confiance en écoutant sa voix intérieure. Elle est un guide. Si on lui pose des questions, elle se fait un plaisir de répondre. C'est ce qu'on appelle l'intuition. Si les questions sont honnêtes, les réponses le seront également. Cette voix est une partie de nous qui nous accompagne et nous aide tout au long de notre passage sur la Terre.

En période de méditation, si vous avez des problèmes à résoudre ou des choix à faire, demandez à votre voix intérieure de vous guider. Quand on est vraiment à l'écoute de son espace intérieur, on perçoit des réponses qui ne mentent pas. Elles prennent différentes formes. C'est pour cela qu'il faut être à l'écoute de soi et surtout se faire confiance.

Voyons pourquoi la confiance est si importante. Sans elle, vous comprenez que le chemin va être long et difficile et risque de se terminer par un échec. Plus on a confiance en notre potentiel, plus le cheminement se fait rapidement, plus on s'épanouit en découvrant le véritable sens de sa vie. Examinons maintenant le lien entre cette confiance et la mise à profit de la créativité ou de l'énergie créatrice.

L'énergie créatrice de tout ce que existe

L'énergie créatrice est à la base de tout. C'est comme un immense réservoir qui contient en substance toute chose, tout événement, tout être humain, tout animal, etc. Sa fonction première, c'est de créer. Il faut apprendre à libérer cette énergie en nous pour participer activement à la création du monde dans lequel nous évoluons.

Mais, pour être en mesure de puiser dans ce formidable réservoir, on doit en premier lieu admettre qu'il est à sa portée, à l'intérieur de soi. Cette notion est le fil conducteur. Pour mettre à profit consciemment l'énergie créatrice, il faut apprendre à entretenir une relation consciente avec cette énergie. Voici quelques trucs pour vous aider à la canaliser.

Pour puiser dans ce réservoir intarissable, il suffit de vouloir et d'y croire. D'abord, il est généralement admis qu'à des niveaux subatomiques, l'être humain n'est qu'énergie. Pour mieux comprendre comment canaliser cette énergie, prenons l'exemple d'un robinet. Tout le monde sait que celui-ci permet de contrôler la quantité d'eau qui s'écoule. S'il est ouvert au minimum, il s'écoulera une toute petite quantité d'eau et l'effet inverse se produit lorsqu'il est ouvert au maximum. Le même principe s'applique à l'humain. Je m'explique. Je suis convaincue que nous sommes tous et toutes des canaux au travers lesquels peut s'écouler l'énergie créatrice de tout et que l'intensité de notre connexion à cette énergie fait office de robinet. Qu'est-ce qui détermine cette connexion me direz-vous? Et bien c'est la foi en celle-ci. En effet, certains disent: "J'y crois, mais ce n'est pas pour moi, c'est pour les maîtres" ou "Moi, je dois gagner ma vie, je n'ai pas le temps de m'occuper à savoir si je suis en mesure de canaliser cette énergie ou pas." Vous comprenez qu'une telle attitude ouvre le robinet juste assez pour permettre au flux d'énergie de circuler afin de rester vivant. Pour ouvrir le robinet plus amplement, il faut s'engager personnellement. On doit avoir la ferme conviction que cette créativité ne demande qu'à être exploitée pour notre plus grand bien à tous et toutes.

Pour réussir à canaliser cette formidable énergie, il faut prendre conscience de cette force lors de méditations quotidiennes selon ce qui a déjà été discuté dans ce livre. Quand on réussit à suffisamment calmer son mental, on sent l'énergie bienfaisante circuler à travers tout son corps. Dans ces moments de grâce, on ressent vraiment cette énergie. Efforcez-vous de faire le silence au-dedans de vous. C'est ainsi que vous parviendrez à ouvrir le robinet de plus en plus grand, et ainsi laisser libre cours à votre propre créativité.

On doit apprivoiser et apprendre à faire confiance à cette énergie créatrice. En méditation, on peut établir un dialogue. On peut lui dire qu'on lui confie sa destinée afin d'accéder aux belles expériences de la vie. N'oubliez jamais que cette énergie est synonyme d'Amour absolu. Elle apporte le bonheur et la sécurité, deux sentiments qui émanent du plus profond de notre être. Personne au monde ne pourra vous aimer plus que cette force bienfaitrice.

Il faut garder son esprit très ouvert. Plus on a conscience d'être relié par l'intérieur de soi à cette énergie créatrice de tout, plus nos réalisations sont grandes, quel qu'en soit le domaine, affectif, spirituel ou matériel.

En résumé, pour laisser libre cours à sa créativité, il faut croire à son existence, s'entraîner à faire taire son mental, abandonner ses limitations et trouver le calme intérieur. C'est ainsi qu'on élève sa conscience. Il faut être en paix avec soi-même.

Reconnaitre sa créativité permet d'accéder au plus grand réservoir de connaissances et de création qui soit C'est canaliser ce grand pouvoir, prendre part à l'évolution planétaire universelle. C'est prendre contact avec la beauté, la bonté et l'amour. C'est une façon d'élargir sa vision de la vie, de moins se percevoir comme un être limité et fragmenté. En s'identifiant à l'énergie créatrice, on élève sa conscience. Croire en celle-ci, c'est vivre en elle et se laisser transporter par elle. C'est lui faire confiance.

C'est aussi se rendre compte qu'il existe quelque chose de grand et de puissant qui existe en nous et au-delà de nous. Cela signifie qu'à la mort, quand le mental s'éteint, cette énergie demeure. Grâce à elle, on s'envolera vers d'autres lieux propices à notre évolution. Reconnaître l'énergie créatrice, c'est s'identifier à la vie éternelle. C'est la vie éternelle, sans limites.

Tout ceci vous semble peut-être difficile à saisir. Il est possible que vous ayez du mal à prendre conscience de toute cette énergie créatrice en vous et à admettre que vous ne faites qu'un avec elle. Pourquoi est-ainsi? Il faut bien admettre que notre socialisation occidentale y contribue beaucoup.

La dualité

On nous a enseigné que cette énergie se situe en dehors de soi. On croit en être séparées. Cela engendre la limitation, la peur de la mort, ou encore ce fameux sentiment de solitude dont plusieurs d'entre nous ressentent les effets quotidiennement. C'est cette vision basée sur le principe de dualité qui nous amène à fragmenter ce Tout. Cette énergie contient toutes les connaissances et vit en dehors du temps et de l'espace. Son accès est illimité. Il faut se laisser guider par elle, elle est comme un parent qui prend soin du cheminement de ses enfants. En s'identifiant à cette énergie créatrice, on ouvre sa conscience à l'expression de l'idéal que l'on se fait de soi.

Conserver son idéal en tête

Qu'est-ce que cela veut dire? Cela signifie percevoir chaque jour ce qu'il y a de bon, de beau et de meilleur en soi. Il faut garder à l'esprit les schèmes de comportement que vous désirez actualiser dans votre vie. C'est d'une importance capitale. Chaque jour, pendant la méditation, il faut visualiser la personne idéale que vous aimeriez être. Quand le désir est sincère, tout est possible.

Il faut également garder à l'esprit que cette énergie créatrice ne demande qu'à circuler à travers nous. Même si vous vous êtes totalement agnostique, rien n'empêche d'avoir confiance en l'énergie qui vous anime.

Malgré la meilleure volonté du monde, il est normal de se décourager de temps à autre. On regarde le chemin parcouru et on se rend compte qu'il en reste encore énormément à faire. On se laisse abattre par de telles pensées. Dans ces moments-là, le manque de foi empêche d'accéder à son potentiel de créativité. On a peur et on devient stressé. Du coup, on se sent sinécure et c'est la perte momentanée du sentiment de paix et d'harmonie. On a l'impression de ne pas être à la hauteur. Quand cela arrive, il faut prendre le temps de s'arrêter pour analyser ce qui a provoqué cet état. Cela ne signifie pas tout abandonner. Au contraire, cela veut dire reculer pour mieux sauter.

Encore ce manque de confiance

En effet, on a tout intérêt à s'arrêter quelques instants pour analyser ces comportements récurrents. Rares sont les personnes qui ne ressentent pas un jour ou l'autre ce manque de confiance au cours de leur croissance. Certains sont portés à faire quelque chose d'inattendu: dresser un bilan à l'envers. Ils s'attachent au travail personnel qu'il reste à faire en oubliant complètement ce qui a été fait. Ils ignorent les changements bénéfiques déjà réalisés et fixent leur attention sur les schèmes de comportements qu'ils désirent changer.

Un tel bilan est néfaste, car il permet de réactiver le comportement de victime. Dans ces moments de déprime passagers, un rien conduit au découragement. On se répète qu'on ne s'en sortira jamais, qu'on est un cas désespéré etc.

La croissance personnelle est alors perçue comme un travail très difficile, voire épuisant. On se dit que la vie était plus facile avant, quand on avait une conscience plus étroite, qui ne permettait pas d'accéder à tant de perceptions intérieures. On ne se sentait pas responsable de son évolution personnelle.

Le fait d'oublier tout le chemin parcouru pour se concentrer uniquement sur ce qu'il reste à faire a comme principale conséquence de bloquer le flux d'énergie créatrice. Quand on est assailli à ce point par le doute, il faut consciemment fixer son attention sur les changements bénéfiques déjà obtenus. Si on a réussi à modifier quelque peu sa personnalité, il devrait être possible de continuer à évoluer.

Ce même manque de confiance conduit également à envisager le futur avec incertitude. On a alors tendance à peupler l'avenir de toutes sortes de peurs, augmentant par le fait même la dose de stress.

Pourquoi croyez-vous que l'être humain est incapable de connaître son avenir? C'est qu'il est psychologiquement conçu pour vivre dans le temps présent. Il faut apprendre à fixer son attention sur cette période bien précise. C'est dans le présent qu'on crée l'avenir. Si l'avenir fait naître un sentiment de peur et d'insécurité, c'est qu'on éprouve ce sentiment présentement. Cessons de se torturer avec ce qui n'est pas encore arrivé et qui n'arrivera peut-être jamais.

Voici lignes de conduite qui, je l'espère, adouciront ces périodes difficiles.

Fixer son attention sur le côté positif de ses expériences

Une des façons de se sortir de cette impasse, c'est de fixer son attention sur ce que nous apprennent les expériences de la vie. Si, chaque jour, on met l'accent sur ce que la vie nous offre de bon, l'avenir sera rempli de bonnes choses.

Certains pourraient répondre, " Oui, mais dans le monde incertain d'aujourd'hui, je ne peux pas me sentir confiant. Je risque de perdre mon emploi n'importe quand ", ou encore: " Il y a tant de délinquance, de criminalité et de violence, que je peux me faire voler, attaquer, n'importe où ! ". Je suis conscience que certaines expériences de vie font mal. J'en ai vécu et vous également c'est certain. Mais, que vous perdez votre emploi ou que vous êtes victime d'un vol, est-ce que cela vous enlèvera votre créativité, vos talents, vos idées, votre espace intime, ou encore votre âme?

Il faut vraiment se poser la question en toute honnêteté: est-ce qu'un emploi ou des biens matériels, comme une maison ou une automobile, sont indispensables pour mettre à profit sa créativité? On est bien obligé de répondre que même sans eux, la créativité existe encore. Pourquoi? Parce qu'elle est à l'intérieur de soi. Elle part d'au-dedans de nous, Ce n'est pas une donnée extérieure.

En fait, les biens matériels existent pour créer notre confort, pour faciliter le quotidien. Donc, même si vous perdez malencontreusement certains de vos biens matériels, vous avez encore et toujours votre créativité. D'ailleurs celle-ci elle est souvent encore plus présente en période de crise économique. Il suffit de remarquer le nombre de nouvelles entreprises originales qui ont vu le jour. Notre société foisonne de talents et de créativité.

On comprend maintenant combien il est important d'avoir une vision intrinsèque, car elle donne la force, la sécurité et la confiance. En tant qu'être humain, nous avons le choix: soit vivre dans un monde matériel en sachant qu'il est à notre service et qu'il est là pour nous faciliter la tâche, soit vivre en s'attachant uniquement au monde matériel, comme s'il était tout et que rien n'existait en dehors de lui. Ce choix appartient à chacun et chacune.

Une autre façon de reprendre confiance en soi, c'est d'apprendre à cultiver des sentiments qui libèrent l'énergie créatrice.

Cultiver des sentiments de sérénité, de paix et de gratitude envers ce que la vie nous offre.

Dans notre société consumériste, dans laquelle un besoin artificiel est aussitôt remplacé par un autre, nous n'avons plus le reflexe d'apprécier ce que l'on a. On court toujours après quelque chose. Notre quotidien est une course effrénée. Il faut s'arrêter! Il faut décrocher! Nous devons réapprendre à retourner à la base, c'est-à-dire, à se recentrer sur soi. C'est l'unique chemin menant à la sérénité et à la gratitude envers la vie, votre vie. Mais, comment faire me direz-vous? Il existe plusieurs moyens qui donnent d'excellents résultats.

D'abord, la méditation. Pendant que vous méditez, sentez la paix et la sérénité vous envahir. Visualisez des situations ou des lieux qui vous procurent un sentiment de paix. Vous pouvez vous créer un jardin secret très paisible, là, dans votre espace intime, un endroit où rien de malheureux ou de stressant peut vous arriver. Vous pouvez vous réfugier à cet endroit quand bon vous semble. Imaginez un jardin plein de fleurs odorantes de toutes les couleurs, avec une fontaine et un banc. Si vous n'aimez pas les fleurs, créez un endroit qui correspond à vos goûts. Cet endroit vous appartient.

Visualisez-vous assis sur le banc et vous sentez le calme vous envahir. Imprégnez-vous de la paix et de la sérénité qui se dégagent des lieux. Vous savez, il n'est pas nécessaire d'inventer l'endroit, vous pouvez choisir un lieu que vous connaissez, comme le bord d'un lac ou d'une rivière. Quand vous êtes stressé ou fatigué, prenez la bonne habitude d'aller y méditer en pensée. Vous constaterez des changements bénéfiques.

Lorsque vous êtes calme et serein, appréciez ce que vous possédez. Appréciez également qui vous êtes. C'est très important. Il faut apprécier ce que l'on a au lieu de mettre l'accent sur ce que l'on n'a pas. Il est sain et motivant de porter attention à ce qu'on n'a pas si le but est de se lancer un défi, mais pas si cela déclenche des sentiments de convoitise, de jalousie et d'insécurité. Revoyez vos valeurs.

Le contact avec la nature

Un autre moyen d'atteindre la sérénité, c'est d'être en contact avec la nature. C'est un bassin d'énergie dans lequel vous pouvez puiser. Promenez-vous en forêt, touchez les arbres, écoutez attentivement le gazouillis des oiseaux, et le murmure du ruisseau. Prenez le temps d'admirer un coucher de soleil magnifique. Vous ressentirez l'énergie que dégage la nature. Apprenons à être à son écoute. Elle a beaucoup à nous apprendre. À cause de l'urbanisation, on l'a tranquillement mise de côté. On s'est coupé d'elle. La plupart d'entre nous ont renversé les rôles. Au lieu de se voir comme appartenant à la nature, on se considère supérieur à elle. C'est ainsi que certains se permettent de détruire l'environnement au gré de leurs fantasmes. Quelle inconscience. Se considérer en dehors de la nature et supérieur à elle donne le droit de se couper d'elle et de la détruire. Il faut se rendre compte que cette vision est totalement erronée, car on fait tous partie de la nature, quelle que soit notre classe sociale. Et si jamais la nature disparaît le genre humain n'a absolument aucune chance de survie.

Il faut réapprendre à vivre avec la nature et à la respecter. En la détruisant, on se détruit soi-même. Le contact avec la nature permet à l'être humain de prendre conscience de ce qu'il est réellement, un être composant celle-ci et non la dominant.

Ces actions favorisent l'accès au grand réservoir d'énergie créatrice. Que ce soit en fixant son attention sur les côtés positifs de la vie ou en cultivant un sentiment de paix et de sérénité, on ouvre sa conscience à la Lumière. En agissant ainsi, on finit par dépasser ses peurs et on se concentre sur le sens véritable de sa vie, et ce, au quotidien. Le cheminement personnel est l'œuvre de chaque jour, il faut continuellement y travailler.

L'évolution: l'œuvre de chaque jour

Pour bien comprendre le sens étymologique du mot œuvrer, regardons la définition du Larousse: travailler à réaliser quelque chose d'important. Or, qu'y a-t-il de plus important que le cheminement personnel, que de s'épanouir pleinement, que de trouver un sens profond à sa vie? C'est la cause la plus noble à laquelle on puisse adhérer. On devrait y travailler comme un artiste travaille son œuvre.

Prenons l'exemple d'un sculpteur. Il prend d'abord le temps de trouver le matériau idéal, puis il se laisse imprégner par celui-ci pour y puiser le maximum d'impressions. Ensuite, avant même de commencer à tailler, il visualise sa sculpture sous tous les angles possibles.

Quand il commence à tailler, il s'arrête régulièrement pour contempler le travail effectué et voir si celui-ci traduit bien ce qu'il avait visualisé. Il peut recommencer à sculpter un bras tant qu'il n'aura pas obtenu ce qu'il désire. Il peut le peaufiner pendant des heures si c'est nécessaire. Il continuera tant qu'il ne sera pas exactement comme il l'avait visualisé. Cette démarche s'applique à toute son œuvre. Même quand il prend une pause, il y pense, il se demande comment l'améliorer encore plus. Il y pense tant qu'il n'a pas réussi à reproduire l'image parfaite qu'il entretient dans ses pensées. En fin de compte, il recherche l'idéal. Il se fiche du temps que cela prendra. Il sait qu'en matière de création, le temps n'existe pas. Il n'est pas stressé ni pressé, car il crée pour créer. L'important, c'est de réaliser l'œuvre correspondant à son idéal. Il y passera sa vie si c'est nécessaire.

Tout comme l'artiste, Nous créerons non pas une sculpture, mais notre personnalité et ultimement notre vie. C'est elle notre œuvre. Pour relever ce grand défi, il faut suivre la démarche de l'artiste pour trouver l'idéal qu'on a de soi. Nous devons regarder le matériau à notre disposition, autrement dit se voir en toute honnêteté comme on est, avec ses forces et ses faiblesses. C'est ainsi qu'on pourra envisager de tirer le maximum de soi.

Il faut ensuite visualiser l'œuvre idéale, c'est-à-dire visualiser l'être que l'on aspire à devenir. Pour que cette vision devienne réalité, il faut passer à l'action. Pour l'artiste, c'est prendre ses outils et tailler le matériau. Pour vous, c'est définir votre espace intime, vous fixer des buts et, surtout, croire en vous, en votre potentiel de création.

Par ailleurs, on doit fixer son attention sur chaque schème de comportement que l'on désire améliorer et, comme l'artiste, le peaufiner jusqu'au moment où on est satisfait du résultat. De plus, il faut accepter que le processus de création soit situé hors du temps. Il est complètement irréaliste de vouloir créer votre œuvre rapidement. Il faut s'y consacrer chaque jour et, contrairement à une sculpture, y travailler toute sa vie. Mais cela demande des efforts.

De plus, tout comme l'artiste, il faut se concentrer quotidiennement sur son ouvrage. Mais tout être humain a le droit de choisir, et c'est à chacun de décider quelle sera son œuvre. Il ne tient qu'à vous que votre ouvrage soit médiocre ou admirable. Tout dépendra du cœur et de la confiance en votre réussite que vous y mettrez.

Ainsi, avoir accès à sa créativité permet de découvrir le sens profond de sa vie. C'est une façon de combler ce grand vide intérieur si palpable chez beaucoup d'entre nous. Donner un sens à sa vie offre l'opportunité de mettre à profit de toutes les qualités dont vous et moi sommes dotés. Les premiers chapitres montraient comment établir une relation avec soi et ce chapitre-ci avait comme objectif de mettre en pratique ce qu'on a découvert de grand et de beau en soi, de passer à l'action.

Pour terminer ce livre, traitons un dernier point important; les relations interpersonnelles. Il y sera question du choix des amis, des amoureux ou amoureuses, un choix qui a des répercussions sur autant sur le présent que sur le futur.

Chapitre 7
Les relations interpersonnelles

Ce chapitre se veut un bref survol des relations interpersonnelles dans le cadre du cheminement personnel. Un grand philosophe grec a dit que l'homme est un animal sociable. En effet, de la naissance jusqu'à la mort, on entretient des relations interpersonnelles avec son entourage. Comme déjà mentionné, celles-ci exercent une influence marquante sur la définition de qui nous sommes. Bien sûr, cela commence avec les parents, les frères et sœurs, la parenté, pour s'étendre ensuite aux camarades de classe, puis aux collègues de travail, au conjoint, aux enfants, etc.

Du point de vue de la croissance personnelle, lorsque l'on a pris conscience de cette influence directe, on comprend qu'il est important de s'entourer d'amis qui préconisent le même type de valeurs que nous. Par ailleurs, je discuterai brièvement de la relation de couple en lien avec la nécessité de rester centré sur son évolution personnelle, même quand on partage sa vie avec quelqu'un.

Ainsi, l'influence des pairs est marquante et commence à se faire sentir dès notre plus jeune âge. Soyons conscients que même après avoir consciemment défini sa personnalité, on est encore influencé par les autres et on les influence toute sa vie durant. Par contre, une fois qu'on a délimité son espace intime, cette influence est moins percutante. Pour saisir cette dynamique existante dans les relations interpersonnelles commençons par faire un très bref survol des étapes de la vie de la petite enfance jusqu'à l'âge adulte.

Relations interpersonnelles et le sens de l'identité

Lors de la naissance l'enfant est en relation de symbiose. Durant les premiers mois de sa vie, l'enfant ne sait pas qu'il est séparé de ses parents, de son environnement. Il forme un tout avec ce qui l'entoure. C'est une période de symbiose.

En grandissant, il se rend compte qu'il est un être séparé physiquement de ses parents. Le toucher est le premier sens utilisé par l'enfant. Ses premières perceptions sont donc directement reliées à la dimension corporelle. De quatre mois jusqu'à environ un an, l'enfant se différencie progressivement de ses parents. On peut dire qu'il commence à se séparer d'eux dès qu'il découvre son propre corps et diverses sensations comme la faim, la soif, la chaleur, ou le froid.

C'est à travers le corps et les sensations que se structure la personnalité de l'enfant. L'aspect relationnel du corps est manifeste. C'est à travers lui que l'enfant entretient une relation avec les autres, avec l'environnement. Ses perceptions lui sont alors transmises par les cinq sens, puis il les intériorise.

Vers l'âge d'un an, il est en mesure de différencier chacune des personnes qui l'entourent. Il acquiert aussi le sentiment de la continuité. Il sait à présent que même si ses parents ne sont pas dans son champ de vision, ils ne sont pas disparus à jamais, qu'ils reviendront.

Quand l'enfant commence à marcher, il se détache encore davantage. Il part à l'aventure et découvre son environnement. Mais les parents ne doivent jamais être très loin, car un enfant de cet âge est plus ou moins confiant. En grandissant, il commence à se forger une image de lui-même et à ressentir des émotions, comme se sentir aimé et sentir qu'il est important aux yeux de ses parents. Vers 2 ans jusqu'à environ 5 ans, il prend conscience d'être une personne à part entière. On peut le constater à ses paroles: l'utilisation du moi et du *je* démontre qu'il a de plus en plus conscience d'être séparé des autres.

Pour construire sa personnalité, son sens de l'identité, l'enfant éprouve le profond besoin de s'identifier à ceux qui l'entourent. Il adopte certains comportements, certaines croyances et certaines valeurs de ses parents, car cela lui donne un sentiment d'appartenance et par conséquent de sécurité. Il est aussi très sensible à la rétroaction de ses proches.

À cet âge, il est capable de savoir s'il est aimé, apprécié, ou encouragé. Si c'est le cas, il aura de plus en plus le sentiment d'avoir une certaine valeur personnelle, il se sentira quelqu'un. Dans le cas contraire, il manquera d'estime personnelle et de confiance en soi. Il en éprouvera de l'anxiété. Le monde extérieur lui fera peur. Si ses parents ne lui offrent aucun soutien psychologique, il risque de se refermer sur lui-même et plus tard, vivre des problèmes d'intégration.

L'importance et l'influence des relations interpersonnelles sont donc évidentes. N'oublions pas que l'enfant ne choisit pas ses parents, il doit accepter leur personnalité. L'enfant forme donc son identité à partir de sa relation avec ses parents en premier lieu et de la façon dont ils le perçoivent et les messages qu'ils lui envoient.

Plus l'enfant grandit, plus son cercle de relations interpersonnelles s'agrandit. Il entre en relation avec d'autres enfants. Plus il est confiant et développe une bonne estime de soi, plus il aura de la facilité à se lier avec des enfants qui ont ce type de personnalité. À l'adolescence, il reproduira le même schème de comportement. Il aura tendance à se lier d'amitié avec les adolescents qui lui ressemble. S'il est sportif, il se tournera vers des sportifs. S'il manque de confiance et d'estime de soi, il cherchera inconsciemment des occasions qui pour un moment, combleront ce manque. S'il est laissé à lui-même, il risque de développer des comportements délinquants. Ses délits seront pour lui un moyen de se façonner une estime personnelle, du moins pendant un certain temps. Examinons de plus près sur quelles bases procède-t-on quand il s'agit du choix de nos amis.

Les amis

Vous avez sûrement déjà entendu le dicton: "Dis-moi qui tu fréquentes et je te dirai qui tu es. " Il contient une très grande part de vérité, car on a tendance à choisir ses amis davantage en fonction de la perception que l'on a de soi-même, que de n'importe quel autre critère de sélection. Bien entendu celui-ci est fait inconsciemment tant que l'on n'a pas pris connaissance de l'existence de ce processus. Si on a entrepris un cheminement personnel, on s'entourera de gens qui ont fait ce genre de démarche. Au contraire, si nos schèmes de comportements sont basés sur la mésestime de soi, le manque de confiance en soi, on va tout naturellement rechercher des gens dotés du même état d'esprit.

On peut affirmer sans grand risque d'erreur que la qualité des relations interpersonnelles dépend de la connaissance et de l'amour que l'on se porte. Plus on a ouvert sa conscience, plus on recherche des gens ayant atteint le même niveau de connaissances.

Pour poursuivre votre cheminement personnel, il est indispensable de vous interroger sur le genre de relations interpersonnelles que vous entretenez. Vous devez revoir votre définition de l'amitié et, en particulier, vos critères de sélection.

Voici quelques pistes qui facilitent ce choix. Cette liste n'est pas exhaustive et vous pouvez l'adapter à votre convenance.

Ne fréquentez que des gens qui ont une bonne estime personnelle ou qui du moins cheminent en ce sens.

Ceux qui se mésestiment projettent leur mésestime sur les autres. Il est en effet impossible d'avoir une certaine estime les autres si on ne s'estime pas soi-même, tout comme il s'avère impossible d'aimer les autres si on ne s'aime pas soi-même. Autrement dit, plus vous aurez développé l'estime de vous et que vous aurez appris à vous aimer, plus vous développerez des relations enrichissantes. C'est une vérité fondamentale.

Cependant, comme le travail sur soi s'échelonne dans le temps, petit à petit, vous réaliserez que vos relations présentes sont le reflet de votre personnalité d'antan. Prenons un exemple. En lisant ce livre, vous vous êtes rendu compte que c'est en développant consciemment la relation à soi que vous devenez de plus en plus calme et serein et que vous cherchez à protéger ce bien-être. De plus, par ce cheminement, vous avez pris conscience de vos véritables valeurs. Plus vous progressez et plus vous désirez poursuivre dans ce sens. Quand vous rencontrez vos amis, vous percevez un certain changement en vous. Les conversations qui vous captivaient jadis vous indiffèrent maintenant. Leurs sujets de conversation ne vous intéresseront plus et vous finirez par vous sentir mal à l'aise parmi eux. Indéniablement, un fossé se créera entre vous, c'est-à-dire qui vous êtes et certains d'entre eux. Vous n'aurez plus les mêmes affinités.

Or, devant ce manque d'intérêt, vous comprenez qu'il devient inutile de continuer à entretenir ce genre de relations. Cependant, vous êtes confronté à un dilemme, soit vous affrontez la peur d'être seul pendant un moment, le temps de vous faire de nouveaux amis, soit vous décidez de faire marche arrière et de reprendre vos anciens schèmes de comportement. Cette dernière option ne vous intéresse pas du tout. Vous êtes conscients que vous devez tourner la page et aller vers de nouvelles relations.

Cependant, entre le moment où vous quittez vos anciens amis et celui où vous développer de nouveaux liens, il se crée un passage à vide au cours duquel vous serez confronté à des moments de solitude. Il faut accepter cette situation. Elle n'est que provisoire.

Passons maintenant au second critère qui va de pair avec le premier et qui est aussi important que lui.

Choisissez des gens avec qui vous pouvez partager vos buts, tout autant que vos peurs et vos incertitudes mais avec lesquels vous aussi vous amuser.

Il est primordial de s'entourer de gens avec qui on peut établir une saine relation amicale basée sur la confiance et le respect mutuels. Quand on est à l'aise avec quelqu'un, on peut exprimer ses sentiments les plus profonds sans avoir peur d'être jugé ou rejeté.

Il est très important de partager ce que l'on ressent intérieurement au cours de son cheminement. Si on n'exprime pas ses états d'âme, ses émotions, ses insécurités etc. elles s'imprimeront dans l'inconscient et on sait tous maintenant quel peut en être l'impact.

Il est également important de pouvoir partager ce qu'on ressent quand on poursuit un but. C'est très gratifiant de discuter de ses succès avec un ami sincère. Si c'est un véritable ami, votre succès ne le rendra pas jaloux. Au contraire, il se réjouira pour vous. D'autre part, pendant les moments de découragement, car malheureusement il y en a de temps en temps, cela remonte le moral de pouvoir confier ses angoisses à quelqu'un d'attentif.

De plus, une caractéristique à considérer: il faut aussi savoir s'amuser ensemble. L'humour fait du bien et s'entourer de gens qui aiment rigoler devient une source de bien-être. Les saines amitiés apportent une aide précieuse. Elles sont basées sur l'échange mutuel, l'écoute et le soutien. Tous ces dons génèrent une énergie bienfaitrice qui profite à tous.

Passons maintenant au troisième point. Ce n'est pas vraiment un critère de sélection mais il me semble pertinent de le mentionner tout de suite. C'est de ne jamais se laisser démolir par les autres. On ne devrait jamais laisser quelqu'un nous faire souffrir inutilement.

Ne vous ne laissez pas démolir par les autres.

Vous avez peut-être dans votre entourage des gens qui vous renvoient continuellement une image négative de vous-même. Avec eux, vous vous sentez dévalorisé et vous finissez par douter de vous. C'est une situation qui vous fait énormément souffrir, car elle vous fait perdre votre confiance en vous et en votre potentiel de création.

Ces gens n'ont aucun respect pour vous, pour ce que vous êtes. Ce sont généralement des gens qui, inconsciemment, ont une très mauvaise estime personnelle et qui se servent de ce schème de comportement pour masquer leur manque.

Si votre estime de soi est bien campée, l'impact physiologique de ce genre d'influence est moindre. Par contre, si votre confiance et votre estime de soi sont encore fragiles, les dommages peuvent être beaucoup plus considérables.

Apprenez à prendre soin de vous, et surtout à vous respecter. Evitez, autant que possible, de fréquenter ce genre de gens. Ils semblent atteints de cécité, ils sont incapables de percevoir leurs propres qualités et leurs talents et encore moins ceux de leur entourage. Ils se concentrent sur un petit point noir alors que tout le mur est blanc. Ils sont donc incapables de percevoir les changements bénéfiques qu'apporte le cheminement personnel.

Recevoir une image négative de soi déstabilise et fait souffrir. Il faut évacuer sa peine par les pleurs ou par l'écriture par exemple. Il faut aussi réfléchir en se posant franchement des questions comme: " Est-ce que je ressemble vraiment à cette image qu'il a de moi?" La réponse est toujours non. L'image que renvoie la personne en question ne correspond pas à la réalité de l'être profond que vous êtes Elle est altérée, comme si on se regardait dans un miroir déformant. Il faut donc prendre le temps de faire le point dès que possible pour reprendre contact avec sa vraie personnalité et occulter ainsi cette perception négative de soi.

Afin de rétablir l'équilibre, il est important de se doter d'un environnement calme grâce auquel vous pourrez vous recentrer.

Dotez-vous d'un environnement calme.

Un environnement calme est essentiel à toute croissance personnelle. Pour créer le calme en soi, il faut avoir le calme à l'extérieur. Il importe de disposer d'un endroit inspirant la paix et le calme. Pour réussir à intérioriser cette sérénité, il faut prendre conscience du calme qui règne dans ce lieu privilégié.

On peut se retirer dans sa chambre ou dans le boudoir par exemple. Il faut vraiment que vous preniez l'habitude de vous isoler chaque jour pour méditer ou se relaxer. Quand on le fait régulièrement, cela finit par devenir un réflexe.

Il est tout aussi important de s'accorder du temps à soi que de s'entourer d'amis sincères. Un endroit qui respire le calme est essentiel. Décorez-le selon vos goûts et vos moyens, avec des peintures, des cadres ou des bibelots qui vous inspirent le calme et la paix. Pour les murs, choisissez des couleurs qui ont un effet tranquillisant sur vous. Allumez des bougies ou des lampions. Faites brûler de l'encens. Tout ceci aide à trouver la paix intérieure. Une fois que vous aurez acquis ce lieu et qu'il représentera pour vous une oasis de paix, vous éprouverez un réel plaisir à vous y retrouver seul.

Pour établir une bonne relation avec soi et avec les autres, il faut également être son meilleur ami.

Soyez votre meilleur ami.

Même lorsque l'on s'est entouré de très bons amis, il est primordial de privilégier la relation à soi, le dialogue avec soi. Consolez-vous quand vous éprouvez de la peine, encouragez-vous quand vous vous sentez déprimé. Aimez-vous tel que vous êtes. Si vous vous comportez comme celui qui vous envoie une image déformante de vous, il sera très difficile de conserver votre sérénité.

Vous êtes la seule personne que vous côtoierez toute votre vie, de la naissance jusqu'à votre mort. Pas question de divorce ou de séparation. Vous avez donc tout intérêt à vous aimer, à vous estimer à votre juste valeur, et à devenir votre meilleur ami.

Prenez le temps de vous parler, de vous expliquer honnêtement les raisons de certains de vos comportements. Soyez un ami, un père, une mère. Enjouant le rôle de ses propres parents, on peut combler certains de ses besoins insatisfaits.

La visualisation est une méthode simple et efficace permettant de se substituer à ses parents par le pouvoir de la pensée. Pendant que vous méditez, visualisez-vous avec un bébé, un enfant ou un adolescent dans les bras, qui n'est autre que vous. Parlez-lui. Aimez-le, comprenez-le. Répétez souvent cet exercice. Même si cet exercice vous semble un peu farfelu, ayez confiance, faites-le. Vous découvrirez tous les bienfaits de cette visualisation.

En conclusion, les relations interpersonnelles sont aussi importantes que la relation intra personnelle. Pour votre plus grand bien et surtout pour votre cheminement personnel, vous devrez réévaluer vos critères de sélection ainsi que les motivations profondes de vos choix en amitié. Respectez-vous et ne vous laissez pas démolir par ceux qui ne peuvent voir les progrès que vous avez réalisés. Apprivoisez aussi la solitude, car elle est nécessaire à l'introspection. Faisons maintenant un bref survol d'un autre type de relation interpersonnelle, la relation de couple.

La relation de couple

La relation amoureuse peut être soit enrichissante ou aliénante selon l'équilibre psychologique des personnes concernées. En fait, nos relations amoureuses sont le reflet de notre maturité psychologique. Plus la connaissance de soi est profonde, plus le désir conscient de développer des relations amoureuses empreinte d'amour, de respect et de sérénité est présent en soi.

Prenons un exemple permettant de saisir sommairement une dynamique de relation amoureuse dysfonctionnelle. Examinons d'un peu plus près la nature de la relation entre Dolorès et Jean-Paul. Ils sont mariés depuis quelques années et dont pas encore d'enfant. Dolorès, dans la trentaine, manque de confiance en elle-même. C'est une personne quelque peu tendue, stressée. Compte tenu qu'elle n'a pas pris le chemin de la connaissance de soi, elle souffre sans comprendre pourquoi. Dans sa relation de couple, ce manque de confiance se traduit par le besoin de contrôler les faits et gestes de son conjoint, allant jusqu'à elle décider des vêtements qu'il doit porter.

En surface ce comportement lui procure un faux sentiment de sécurité relié directement au pouvoir qu'elle exerce sur son mari. De son côté, Jean-Paul est un dépendant affectif. Il souffre de l'autorité excessive de Dolorès mais il ne lui en parle pas, car il a peur de la réaction qu'elle pourrait avoir. En effet, sa conjointe a un caractère relativement explosif. Par expérience, il sait très bien qu'une simple divergence d'opinion peut dégénérer en une prise de bec hors proportion au cours de laquelle elle le menacera de le quitter.

Voilà donc une relation de couple dans laquelle la femme joue le rôle de tyran et le mari celui de victime. Leur relation perdure depuis plusieurs années. Or depuis peu, Jean-Paul s'interroge sincèrement sur l'équilibre psychologique de leur couple. Cette prise de conscience l'amène tout naturellement à s'auto analyser, c'est-è-dire, à prendre conscience de ses propres schèmes de comportements.

Il réalise que s'il veut poursuivre son investigation personnelle, il lui faudra se responsabiliser face à sa situation matrimoniale. Est-il rendu à cette étape de sa vie? Il n'en est pas certain. Il devient de plus en plus taciturne, se repliant sur lui-même, déjà qu'il avait appris à prendre garde de ses paroles et de ses réactions dans ses rapports avec Dolores.

De son côté, Dolorès sent que son conjoint est de plus en plus distant, de plus en plus introverti. Cette nouvelle attitude de Jean-Paul constitue une menace à ses yeux. Son manque de confiance en elle l'amène immédiatement à penser que celui-ci a une maîtresse sans évaluer d'autres possibilités que celle-là.

Elle devient de plus en plus stressée et désemparée face à cette situation. Elle se met à fouiller systématiquement toutes ses poches et à le bombarder de questions. N'en pouvant plus, Jean-Paul s'effondre. Il ne sait plus comment s'y prendre. Il est à bout de ressources. N'en pouvant plus, il décide de s'informer sur les comportements dysfonctionnels au sein d'un couple. Plus il approfondit ses connaissances, plus il se rend compte qu'il est personnellement concerné par cette dynamique et qu'il n'en est pas seulement une victime.

Après quelques rencontres avec un groupe d'entraide pour les dépendants affectifs, il comprend un peu mieux son problème. Rien n'est réglé mais il perçoit enfin la lumière au bout du tunnel. Il a pris conscience de ses responsabilités, il sait maintenant que les schèmes de comportements de part et d'autre doivent être modifiés. Il réalise également qu'il est le seul responsable de sa souffrance comme de son bonheur.

Il décide de parler à Dolorès pour lui faire comprendre en quoi leur relation est nuisible. Il lui explique sa propre démarche. Il lui fait part du bien-être intérieur qu'il ressent après les rencontres avec son groupe d'entraide .Il lui dit qu'il l'aime et qu'il est prêt à entreprendre avec elle une démarche de thérapie de couple.

Si Jean-Paul avait absolument voulu changer les comportements de Dolorès de but en blanc, cela aurait sans doute été un fiasco. Mais sa façon de s'y prendre a permis à Dolorès de se poser des questions et de réaliser qu'elle est aussi responsable de ses propres schèmes de comportements.

En fait, leur relation était basée sur des besoins insatisfaits. Dolorès comptait inconsciemment sur Jean-Paul pour qu'il la rende heureuse en comblant son grand sentiment d'insécurité qui est relié étroitement à son manque de confiance en elle. Pour y parvenir, elle contrôlait les faits et gestes de Jean-Paul, qui à son tour, était incapable de combler son propre besoin de sécurité. Inconsciemment, il tentait de le satisfaire à travers la dépendance affective. Ils cherchaient inconsciemment tous deux à combler leurs besoins à travers l'autre.

Peu importe que l'on soit en relation de couple ou non, il importe avant tout de rester centré sur soi. On ne peut espérer que l'être aimé satisfasse tous nos besoins. On se leurre si on croit une telle chose et on se crée des attentes irréalisables. Tôt ou tard, on connaîtra la déception. Il faut prendre conscience qu'on est responsable de soi-même et qu'il est utopique de déléguer le succès de sa vie à l'être aimé.

Comme avec les amis, on peut appliquer certaines règles de base qui favorisent une vie amoureuse saine et gratifiante. Jetons-y un coup d'œil.

Le respect mutuel

Une relation de couple doit être basée sur le respect mutuel. Il ne faut jamais oublier qu'on peut travailler à modifier ses schèmes de comportements mais pas ceux des autres. Par conséquent, on ne peut pas changer son conjoint. Comme le respect de l'autre commence obligatoirement par le respect de soi, il faut en premier heu apprendre à se respecter soi-même. Il faut orienter le travail sur soi, car si on n'a pas appris à se respecter, on ne respectera pas les autres et, en retour, ceux-ci ne nous respecteront pas.

Éviter de vouloir changer l'autre

Chaque personne est unique, donc chaque cheminement est unique. On vit tous des expériences différentes. Vous pouvez connaitre un échec dans votre carrière professionnelle et votre conjoint peut ne pas faire ce genre d'expérience ou la vivre d'une manière différente. De plus, chacun modifie ses schèmes de comportements selon son propre rythme. Certains peuvent y arriver rapidement alors que ce sera peut-être plus difficile pour leur conjoint. C'est un état de fait auquel on ne peut rien. Il faut laisser l'autre cheminer selon son propre rythme.

Pour permettre à l'autre de vivre ses expériences à son rythme, il faut commencer par accepter son rythme à soi. Les gens trouvent souvent que leur évolution va trop lentement, ils ont l'impression d'avancer à pas de tortue. Ce n'est pas la vitesse qui compte mais l'effort consenti. De toute façon, cela ne sert à rien de vouloir juger le travail personnel des autres, car rien en somme ne peut l'évaluer à sa juste valeur. Mais cela ne signifie pas pour autant qu'on doit endosser toutes les responsabilités inhérentes à la vie de couple, comme le partage des tâches parce que le conjoint ne progresse pas au même rythme.

À chacun ses champs d'intérêt

Pour mener avec succès une vie de couple, il faut permettre à l'autre d'avoir ses propres champs d'intérêt. Prenons un exemple. Lucien adore jouer au hockey et fait partie d'une équipe. Sa femme Ginette ne s'intéresse absolument pas à ce sport. Mais comme elle ne veut pas décevoir Lucien, elle décide tout de même de l'accompagner à chacun de ses matchs, et elle s'ennuie royalement. À force de ne pas respecter ses propres goûts en allant voir jouer son mari, elle devient de plus en plus frustrée.

À la fin de la saison, Ginette est prête à exploser. Elle décide d'en parler à son mari: Lucien, je déteste le hockey. Je n'en peux plus d'aller te voir jouer et de me morfondre à t'attendre. Arrête le hockey sinon je ne réponds plus de mes actes.

Lucien répond en usant de philosophie: Ma chérie, pourquoi est-ce que tu t'évertues à venir me voir si tu n'aimes pas le hockey? Ça ne m'étonne pas que tu t'ennuies. Tu sais, tu n'es pas obligée de m'accompagner. Tu pourrais sans doute faire quelque chose que tu aimes à la place. Tu m'as déjà dit que tu aimerais suivre des cours d'aquaforme. Tu pourrais t'inscrire pour la prochaine saison. "

Après mûre réflexion, Ginette se rend compte que l'idée de Lucien l'enchante. En effet, pourquoi n'aurait-elle pas ses propres activités? À l'automne, le problème est résolu. Lucien joue au hockey et Ginette va à la piscine. Elle a retrouvé sa bonne humeur. De plus, comme ils ont des activités différentes, ils ont des choses à se raconter. C'est très stimulant de partager avec l'autre la joie qu'on éprouve quand on pratique une activité qui nous tient à cœur.

C'est très bénéfique dans une dynamique de couple d'avoir chacun ses champs d'intérêt. Bien sûr, il est naturellement question de champs d'intérêt sains. Si jouer au casino avait été la principale activité de Lucien, la frustration de Ginette aurait sans doute été justifiée.

Donner et recevoir dans la relation de couple

Donner et recevoir font partie d'un même courant énergétique. La plupart des gens ont de la difficulté soit à donner, soit à recevoir. Il n'est pas rare de constater que ceux qui manquent d'estime personnelle ont tendance à donner à outrance. Ils pensent inconsciemment qu'ils ne valent pas la peine d'être aimés pour ce qu'ils sont et, en donnant beaucoup, ils supposent qu'ils retiendront l'autre. Comme ils se sentent diminués, ils achètent l'amour des autres en donnant sans compter. Ils rendent service, ils ne disent jamais non, et ils écoutent sans jamais oser dire ce qu'ils ressentent.

Mais qu'est-ce qui arrive au bout du compte? La déception et la frustration. Ils ont l'impression de se faire avoir par leur conjoint. Ils ont l'impression de faire abuser d'eux. Mais en fait, ce sont eux qui s'abusent eux-mêmes. L'amour ne s'achète pas en donnant.

Pour mettre fin à ce cercle vicieux, ils doivent prendre conscience de leurs qualités et de leur valeurs. Ils doivent donc améliorer leur confiance en soi et leur estime. On en revient toujours au même principe.

D'autre part, il y a ceux qui se contentent de prendre. Ils croient que tout leur est dû. C'est souvent un comportement inconscient. Ils ont été habitués à prendre sans donner en retour. C'est aussi une façon de combler un vide intérieur immense la plupart du temps. Ce n'est pas nécessairement par méchanceté qu'ils ne donnent pas, plusieurs en sont incapables.

Il est important de trouver l'équilibre entre donner et recevoir. On doit donner quand cela nous fait plaisir, non pas par obligation, et également apprendre à recevoir avec plaisir. S'il vous est difficile de recevoir, il importe de vous questionner sur les raisons motivant vos réactions. Si on se sent mal à l'aise quand on reçoit quelque chose (matériel ou non), c'est très souvent qu'on est convaincu, inconsciemment, qu'on ne le mérite pas.

Donner et recevoir font partie de la même énergie dynamique, comme le flux et le reflux. Si on ne fait que donner, l'énergie ne circule pas dans les deux sens, et il y a donc un déséquilibre. C'est la même chose si on ne fait que recevoir. Tout déséquilibre a des conséquences physiques et psychologiques et entraîne rapidement l'épuisement et la frustration.

Comme Se connaître et mieux vivre se veut avant tout un survol des principes de la connaissance de soi, nous ne nous attarderons pas plus longtemps sur les relations interpersonnelles. Mais n'oubliez jamais que les autres ne doivent pas servir à combler un vide intérieur. Il n'appartient qu'à vous de pallier ce manque. L'objectif de ce chapitre était de vous faire prendre conscience qu'une relation amicale ou amoureuse qui vous éloigne de vous-même va à l'encontre de votre croissance personnelle.

Conclusion

En conclusion, l'aliénation de soi et le reniement de son potentiel de création et de ses valeurs conduisent inévitablement au développement de schèmes de comportements inadaptés. Tant que l'on n'a pas pris conscience de ces manques, qui datent souvent de la petite enfance et se perpétuent à l'âge adulte, on cherche inconsciemment à les combler.

Par ailleurs, la façon de percevoir ce qu'on vit dépend de la façon dont on se perçoit soi-même. Si c'est comme objet, on développe des comportements axés sur la victimisation et l'excusite. Par contre, si on se perçoit comme sujet, on est en mesure d'influencer le cours de sa vie, de se responsabiliser et d'entretenir une relation avec sa propre créativité. Pour préserver cette relation avec soi-même, on doit pratiquer régulièrement l'introspection et l'autoanalyse.

En outre, partir à la découverte de soi, c'est aussi prendre conscience de ses peurs, de ses croyances et de ses limitations attribuables à la socialisation et à l'éducation qu'on a reçue. Mais, en adoptant certains comportements favorables au cheminement personnel, on peut modifier les perceptions qu'on a de soi et des événements vécus. Ces perceptions affectent directement la confiance en soi et l'estime de soi. Quand celles-ci font défaut, on adopte certains comportements restrictifs et paralysants, comme la jalousie ou le besoin de contrôler. On peut corriger la situation en définissant son espace intime, une étape très importante dans le cours du cheminement personnel. Pour délimiter cet espace, il faut découvrir ses propres valeurs, ses croyances et ses idéaux. Il est primordial de protéger cet espace intime des influences extérieures potentiellement néfastes en vue de protéger son estime et soi et par ricochet sa confiance en soi.

Or, définir des buts et les atteindre est un moyen privilégié d'améliorer sa confiance en soi. Le but ultime d'une plus grande confiance en soi et de la croissance personnelle, c'est la modification des schèmes de comportements nuisibles. De plus, pour atteindre plus facilement ses buts intrinsèques, on a recours à certaines techniques comme la respiration profonde, la relaxation, la méditation et la visualisation. On peut aussi employer d'autres méthodes très efficaces comme de livrer une saine compétition avec soi-même ou devenir son propre entraîneur ou motivateur.

En outre, la connaissance de soi mène sans contredit à donner libre cours à sa créativité. Cela procure un sentiment de plénitude et donne un sens à la vie. Mais il importe avant tout de prendre conscience des motivations profondes de ses choix de vie. Il ne faut jamais oublier non plus que l'évolution est l'œuvre de chaque jour et de toute une vie.

*****

En espérant que ce petit guide vous a permis de réaliser l'importance de se connaitre soi-même sans intermédiaire. De plus, je souhaite qu'à travers ces mots, chacun de vous entrera en relation avec cette merveilleuse énergie qu'on appelle la créativité.N'oubliez jamais que plus il y aura de gens auront découvert leur vraie personnalité, plus nous serons témoins de changements bénéfiques autour de nous. Nous y rencontrerons des personnes d rayonnant le respect et l'amour de soi, des autres, de l'environnement, donc de toute existence terrestre. Merci à vous chers lecteurs.

Pour de plus amples détails me concernant visitez ma page web sur le site de Samashwords à l'adresse suivante:

https://www.smashwords.com/profile/view/pep301

*****